산마루에 오르고 내리며
노동과 기도를 함께하는
영혼의 벗들과
노숙인을 섬겨 온
사랑의 종들에게 바칩니다.

내 영혼의 산마루에서

성령을 따라 걷습니다

지은이 | 이주연
초판 발행 | 2021. 3. 3
등록번호 | 제1988-000080호
등록된 곳 | 서울특별시 용산구 서빙고로 65길 38
발행처 | 사단법인 두란노서원
영업부 | 2078-3352 FAX | 080-749-3705
출판부 | 2078-3331

책값은 뒤표지에 있습니다.
ISBN 978-89-531-3969-5 03230

독자의 의견을 기다립니다. Printed in Korea
tpress@duranno.com www.duranno.com

두란노서원은 바울 사도가 3차 전도여행 때 에베소에서 성령 받은 제자들을 따로 세워 하나님의 말씀으로
양육하던 장소입니다. 사도행전 19장 8-20절의 정신에 따라 첫째 목회자를 돕는 사역과 평신도를 훈련시
키는 사역, 둘째 세계선교(TIM)와 문서선교 (단행본 · 잡지) 사역, 셋째 예수문화 및 경배와 찬양 사역, 그리고 가
정 · 상담 사역 등을 감당하고 있습니다. 1980년 12월 22일에 창립된 두란노서원은 주님 오실 때까지 이
사역들을 계속할 것입니다.

성령을 따라
걷습니다

내 영혼의 산마루에서 이주연 지음

두란노

희락

기쁨은 회개한 마음에 찾아옵니다
가난한 마음은 기쁨이 오는 자리
온전한 기쁨은 흔들리지 않습니다
기쁨으로 구원의 날을 채워 갑니다
하루의 목표는 주님
하루 한 발짝씩만 가면 됩니다
단순하게, 기쁘게
|산마루에서| 십자가 은혜 아래서
사소한 기쁨을 잘 모셔 들이십시오
기쁨은 영혼의 체온
성령과 함께하는 일상에 행복이
아무리 어려워도 오늘은 축복
영성생활, 물 흐르듯 해야

—

35

화평

주님이 평강을 주시리니
주님이 보시는 나의 모습
하나님의 뜻, 나의 뜻
불안도 두려움도 없이
의식은 높게, 믿음은 단순하게
|산마루에서| 농토를 꽃피는 정원이 되게
천국은 이미 내 안에
화평한 하루를 위해 힘쓰십시오
여유로운 리듬을 살리십시오
감사히, 기꺼이
나의 불완전함을 고백합니다
하늘 문을 열어 두십시오
하늘에 속한 자로

—

55

그리스도인의 평안
하나님이 다스리십니다

**오래
참음**

_

77

주님이 기다려 주십니다
회개의 가장 깊은 곳에는
인내를 배우려면 인내해야 합니다
주님을 기다리는 시간
오늘 주님이 오실 것처럼
|산마루에서| 사랑의 공동체를 향해
열매를 기다리며
묵묵히 내일을 기다리십시오
견디고 견뎌야
참는 자에게 영화로운 기쁨이 임합니다
있는 그대로
마지막 목표를 이루기까지 인내하십시오
평화는 거저 주어지지 않습니다

자비

_

97

내가 하나님 편이 되어야 합니다

자비로운 마음에 자비가 임합니다
제자의 길에는 용서받은 죄인뿐
함께 울고, 함께 웃기
용서는 영혼의 척도
화해하며 살아야 합니다
가진 만큼 자비를
내가 하나님 편이 되어야 합니다
|산마루에서| 습관을 따라 한적한 곳으로

죄책감에서 벗어나 죄 사함의 자유를
용서받고 용서하십시오
하나님 나라의 원리는 자비입니다
용서는 피할 수 없는 영성의 길
점점 더 너그러워지기
사랑과 자비로만
자비로우신 하나님께 구합니다

양선

–

섬김은 몸으로 행하는 기도
어려운 이웃은 그분께로 가는 관문입니다
선을 행하려면 그리스도께 맡기십시오
사소할지라도 매일
너무 완벽하지 않아도
|산마루에서| 노동과 기도는 한 몸
선행보다 앞서는 것
오른손이 한 일, 왼손이 모르게
인색함은 영혼의 문제입니다
가만히 귀 기울이면
사랑하면 닮아 갑니다
기대하지 말고 그저 베푸십시오
사랑의 실천에는 한계가 없습니다
멈춤 없이 힘 있게

충성

–

139

그분만 따라가는 삶
신실하게 발길을 옮깁니다
좁은 길로
주님께 나를 드립니다
하나님이 원하시는 일을 하십시오
|산마루에서| 낮은 곳으로 임하는 은혜
소명을 받으면 종으로 살아갑니다
새사람을 입으십시오
신실함이 은혜의 문을 엽니다
하루하루 주님께 이르기를
천천히, 그러나 끝까지
때마다 하나님을 중심에 두십시오
두려운 것은 살아 계신 하나님뿐
우리는 나그네입니다
주님만 따라가십시오

온유

–

161

하나님과 일치된 마음, 온유
예수님과 연결되기
부족한 것은 가난한 마음
더 큰 용기
온유함으로 주님의 뜻을 듣습니다
|산마루에서| 그 아름다운 마음을 주소서
주님만 드러나기를
경외함과 겸손함으로
결과를 맡기는 비결
하나님을 알게 되는 길
마지막 회개는 자기 인식

내 죄를 아는 것이 은혜입니다
안식과 가벼움과 부드러움
자신의 부족함 인정하기

절제

십자가가 기준입니다
절제는 경건에 이르는 과정

–

잠시 침묵

담담히, 당당하게 자유의 길로

|산마루에서| 온전한 치유와 변화는

빌려주신 것입니다

지어 가시는 대로 맡기십시오
그분의 성품을 닮기 위해
참하나님을 모셔야 합니다
열리고 닫히는 까닭
노동과 기도의 삶
광야의 자리는 은총입니다
진짜 자기 삶의 주인 되기
십자가는 우리를 자유케 합니다

산마루를 오르며

산마루에서

거리의 형제들을 불러

노동을 하며 사랑을 나누어 온 지도 근 20년이 되었습니다.

그 산마루는 제게 광야의 자리,

연단과 깨달음과 은혜의 자리였습니다.

북악산의 첫 산마루에서는

산을 가득 덮었던 쓰레기를 치우고

땅을 일구어 씨를 뿌렸습니다.

평창 백두대간의 오늘의 산마루에서는

나무를 가꾸고 못을 파고 길을 냈습니다.

화전민이 일구었던 산지를 농지로 만들고 있습니다.

이 산마루는 노숙하는 형제들의 자립자활을 위해

한마음으로 땀을 흘리고 기도하고

식탁을 함께하는 위로와 소망의 자리입니다.

또한 어려운 이웃을 돕고자 헌신한

성숙한 성도들과 목사님들 덕분에

거룩한 사랑을 누리는 기쁨의 자리입니다.
뿐만 아니라 주님이 동행해 주시고
성령이 영적인 열매를 맺게 하신
하나님과의 만남의 자리입니다.

힘을 잃고 주저앉고 싶을 때에
소망 중에 땀을 흘리며 감사할 때에
상처를 입고 상한 심령으로 간구할 때에
성령이 내려 주신 감화와 감동이 있었습니다.
이러한 성령의 열매는 제 영혼의 빛이 되었습니다.
그 감동을 〈산마루서신〉에 올렸습니다.
이 책은 〈산마루서신〉에서 건져 올린
가장 밝은 빛이 되는 열매들입니다.
이 책을 읽는 영혼 모두
저와 함께 날마다 주님의 숨결을 호흡하면서
아픔과 어둠, 무거운 짐과 욕망으로부터 벗어나
성령의 열매를 맺게 되기를 기도합니다.

하나님이
사랑의 시작입니다

하나님이 살아 계시다는 것은
사랑의 에너지가
하늘과 땅, 그리고 그 사이에
흐르고 있다는 것입니다.
인간이 사랑한다는 것은
살아 계신 하나님과
밀접히 맺어져 있다는 것입니다.
인간이 사랑하는 모든 순간은
하나님과 맺어져 있는 순간입니다.
사랑은 하나님에게서 시작합니다.

지식에 넘치는 그리스도의 사랑을 알고
그 너비와 길이와 높이와 깊이가 어떠함을 깨달아 엡 3:18-19

아무튼
사랑

아무리 완전해도
사랑으로 이루는 것보다
완전한 것은 없습니다.
아무리 아름다워도
사랑으로 이루는 것보다
아름다운 것은 없습니다.
아무리 지혜로워도
사랑으로 이루는 것보다
지혜로운 것은 없습니다.
사랑!
그것은 완전함과 아름다움과
지혜로움의 원천입니다.

이 모든 것 위에 사랑을 더하라 이는 온전하게 매는 띠니라 골 3:14

사랑하지 않은 순간들을
돌아보십시오

오늘도 나를 피곤하게 하는 것은
많은 일이 아닙니다.
많은 사람 때문도 아닙니다.
나를 사랑하려 하기보다
나를 드러내려 했기 때문입니다.
일을 하기보다
공을 세우려 했기 때문입니다.
웃어도 되었을 것을
따지며 헤아렸기 때문입니다.
침묵해도 되었을 것을
기어코 말을 했기 때문입니다.

∞∞∞∞∞

모든 겸손과 온유로 하고
오래 참음으로 사랑 가운데서 서로 용납하고 엡 4:2

사랑은
계수하지 않습니다

의를 행하고도
그 의로 인하여 고립될 때가 있습니다.
고요히 의를 행하지 않고 정죄했기 때문입니다.
사랑을 하고도
그 사랑으로 인하여 아픔을 겪을 때가 있습니다.
더 많은 사랑을 되받으려 했기 때문입니다.
단호히 의를 행하되 정죄하지 아니하고
풍성히 사랑하되 사랑을 계수하지 않는 이만이
하늘의 기쁨을 누립니다.

우리가 서로 사랑하면 하나님이 우리 안에 거하시고
그의 사랑이 우리 안에 온전히 이루어지느니라 요일 4:12

그리스도의
사랑 덕분에

환경이 변하지 않았는데
어느 순간 불평과 비난이 사라집니다.
불평과 비난을 일으키는 마음의 자리를 확인하고
마음에 박힌 가시를 빼내고 정리했기 때문입니다.
가시를 뺀 자리에
삶에 대한 사랑이 깊어졌기 때문입니다.
오늘의 고난을 이길 만큼
내일의 소망이 더 커졌기 때문입니다.
사랑이신 예수 그리스도를 믿는 믿음으로 인하여
그분의 사랑이 내 마음에 넘치게 되었기 때문입니다.

이 모든 일에 우리를 사랑하시는 이로 말미암아
우리가 넉넉히 이기느니라 롬 8:37

말씀 중에
임한 은혜

산마루예수공동체를 시작할 때 주님은 제게 몇 번에 걸쳐 말씀을 주셨습니다. "회개한 자가 거하는 거룩한 땅이 되게 하라!" 처음 공동체의 터에 발을 딛던 순간(2018년 5월 21일) 주변 소리가 끊어지고 침묵 중에 임한 말씀입니다. 계약금 조차 부족한 상황이었지만 그 순간 이 터는 주님이 예비하신 땅이라고 믿어졌습니다.

'무엇을 회개해야 하는가?' 처음 이 말씀은 부담스럽고 당혹스럽기까지 했습니다. 그러나 그 후 말씀을 생각하며 기도할 때마다, 설교를 준비할 때마다 회개의 문이 열렸습니다. 지금도 기도할 때마다 마음의 골짜기를 타고 들어오는 것은 깊은 회개의 은혜입니다. 회개의 은혜가 저를 새롭게 하고 평안의 길로 인도합니다. 회개할 때 주님의 십자가가 더 가까이 보입니다.

그리고 두 번째로 터를 방문하던 날(2018년 5월 22일)에도 주님은 말씀을 주셨습니다. "네가 선 곳은 거룩한 땅이니 네 발에서 신을 벗으라"(출 3:5). 그 후 저는 공동체에서 기도하며 나무를 심고, 굴삭기로 토목공사를 하다가 큰 힘에 사로잡히곤 합니다. "이 땅은 거룩한 곳이다! 이 땅을 거룩하게 가꾸어야 한다!"

이러한 마음이 사무치다 보니 어느 날부터는 일을 마치고 산정에서 내려오면서 신을 벗고 걸었습니다. 그러자 땅의 찬 기운이 느껴지면서 그동안 얼마나 이 땅과 단절하며 지내 왔는가, 얼마나 교만하게 이 땅을 대했는가를 깨달았습니다. 하나님이 지으신 땅에 겸손히 머리 숙이는 은총을 입었습니다. "주여, 저는 피조물입니다. 이 땅과 저 돌, 뭇 나무들과 한가지로 피조물일 뿐입니다. 주여, 이 흙과 돌처

럼 살아가게 하소서!" 이러한 고백을 드리자 한없는 자유
함이 찾아들었습니다. 가슴속 깊이 간혔던 숨이 쏟아져 나
왔습니다.

산마루예수공동체를 시작할 때 주님이 주신 또 하나의 말
씀이 있습니다. "이 땅에 남은 자들을 보내 주리라. 이 땅에
찾아온 이들이 남은 자가 되어 하나님 나라의 평화를 이루
어 가게 하리라." 저는 그 말씀에 힘입어 '오늘은 또 누구를
보내 주시려나' 하는 기대로 하루를 시작합니다.

하루하루 전혀 생각지 못한 분들이 다녀갑니다. 변화의 소
원을 지닌 노숙인들, 평화의 꿈을 지닌 탈북 청년들, 대학
과 사회에 큰일을 책임진 분들, 주님께 신실하게 헌신하려
는 목회자들과 신학도들, 참믿음을 지닌 숨은 선한 사마리
아인들…. 오늘도 주님이 기이한 일을 보이심에 감사하며
하루를 보냅니다.

사랑이 인도하는
하루하루

삶의 좌절은
결국 사랑의 좌절입니다.
재물 문제도
결국 재물이 사랑을 대신하기 때문입니다.
삶의 희망은
결국 사랑으로 인함입니다.
사랑으로 충만한 영혼은
어떤 어려운 처지에서도
의미와 방향을 찾고 인내하며
마침내 희망적으로 살아 냅니다.
삶은 사랑으로 지어 가는 여정이며
사랑으로 온전함에 이릅니다.

oooooooooo

오직 사랑 안에서 참된 것을 하여 범사에 그에게까지 자랄지라
그는 머리니 곧 그리스도라 엡 4:15

없는 듯이
존재하기

예수 그리스도의 공동체와 구성원들은
뜨겁게 살아 있으나
없는 듯 존재해야 합니다.
오직 주님만 드러나신 채로!
그리고 사랑으로 충만해야 합니다.
인간관계에서 오는 사랑이 아니라
주님의 은혜에서 시작된 사랑으로!

○○○○○○○○○

서로 사랑하라 내가 너희를 사랑한 것같이 너희도 서로 사랑하라
요 13:34

십자가 사랑은
남은 것이 없는 것

더 이상 덜어 낼 수 없을 때까지
덜어 내고 남은 마음이 진실이며
더 이상 낮아질 수 없을 때까지
낮아진 마음이 겸손이며
더 이상 줄 수 없는 데까지
자신을 내어 주는 상태가 사랑입니다.
이 모든 것의 실체는
진리이신 예수님이 십자가에 달리심으로
우리 앞에 분명하게 나타났습니다.
그러기에 진실하고 겸손한 마음, 그리고 사랑은
십자가를 바라볼 때 이를 수 있습니다.

사람의 모양으로 나타나사 자기를 낮추시고
죽기까지 복종하셨으니 곧 십자가에 죽으심이라 빌 2:8

사랑의 밭은
믿음

기독교 신앙은
하나님과의 인격적인 만남입니다.
인격적 관계의 가장 깊고 순수한 차원은 사랑입니다.
믿으면 사랑하게 됩니다.
믿음은 사랑을 위한 터전입니다.

하나님을 사랑하면
말씀을 소중히 듣게 되고
말씀을 듣게 되면 자연스레 행하게 됩니다.
이러한 행함이 순종입니다.
순종은 사랑의 열매입니다.
순종하는 이들은 하나님을 생각만 해도 기쁩니다.
그러니 더욱 사랑하게 됩니다.

∞∞∞∞∞∞

나의 계명을 지키는 자라야 나를 사랑하는 자니
나를 사랑하는 자는 내 아버지께 사랑을 받을 것이요
나도 그를 사랑하여 그에게 나를 나타내리라 요 14:21

사랑이
일합니다

하나님을 사랑하면
우리에게 맡겨 주신 일을
섬기는 마음으로 하게 되고,
섬기는 마음으로 일하는 사람은
아무것도 행하지 않는 것처럼
겸손한 마음으로 따르게 됩니다.
맡겨 주신 일은 자신을 위한 것이 아니라
하나님의 뜻을 이루기 위한 것이기 때문입니다.
하나님을 사랑하기만 하면
사랑으로 인도하심을 받습니다.

무슨 일을 하든지 마음을 다하여 주께 하듯 하고
사람에게 하듯 하지 말라 골 3:23

사랑은
기적이 일어나는 땅

이 땅의 기적은 사랑으로부터 시작되었고
오늘도 사랑을 통해 일어납니다.
천지창조는 하나님의 사랑이 낳은 기적입니다.
맹인과 못 걷는 사람과 나병 환자가 치유받고
죄에 빠진 인간이 구원받는 일은
그리스도의 사랑이 낳은 기적입니다.

오늘은 우리의 차례입니다.
사랑의 손길이 닿기만 하면
기적은 이곳에서도 일어납니다.
거리에서도, 노숙인 쉼터에서도,
오늘 우리의 삶의 자리에서도!

병든 자를 고치며 죽은 자를 살리며 나병 환자를 깨끗하게 하며
귀신을 쫓아내되 너희가 거저 받았으니 거저 주라 마 10:8

사랑
연습

살아가면서 맺는 관계는
온전한 사랑에 이르는 연습입니다.
그러나 이 과정에서 자주 좌절을 겪습니다.
누구도 온전한 사랑을 가지고 태어나지 않으며
연단을 통해 도달하기 때문입니다.
그렇다면 온전한 사랑은 무엇입니까?

온전한 사랑은
예수 그리스도가 이루신 십자가와 부활입니다.
십자가는 온전한 사랑이며
부활은 온전한 사랑의 확증입니다.
이 사랑은 믿는 이가 누리는 은총이며
믿는 이가 가야 할 길입니다.
이 사랑의 길을 가게 하려고
주님이 우리에게 오셨으며
성령이 곁에서 도우십니다.

○○○○○○○○

사랑은 오래 참고 사랑은 온유하며 시기하지 아니하며
사랑은 자랑하지 아니하며 교만하지 아니하며 고전 13:4

진실한 사랑이
바른길입니다

예수님은 하나님을 진실로 사랑하셨으며
인간을 진실로 사랑하셨기에
하나님의 뜻을 가르치시고
병든 자를 치유하시며
십자가의 고난도 넘으셨습니다.
우리도 그리스도를 본받아
진실로 사랑해야 합니다.

영혼 구원,
진실한 사랑에서 시작해야
고난 넘어 바른길로 향할 수 있습니다.

우리가 하나님을 사랑하고 그의 계명들을 지킬 때에
이로써 우리가 하나님의 자녀를 사랑하는 줄을 아느니라 요일 5:2

마지막은
사랑의 십자가입니다

그리스도인의 영성 수련이 지향하는 최종 목표는
자기 정화가 아닙니다.
깨끗해진 자신을 다른 이들을 위하여 바치는
사랑입니다.
가장 높은 영성의 단계는
사랑의 십자가이기 때문입니다.

너희가 자유를 위하여 부르심을 입었으나 그러나 그 자유로
육체의 기회를 삼지 말고 오직 사랑으로 서로 종노릇하라 갈 5:13

기쁨은
회개한 마음에 찾아옵니다

삶에 진정한 기쁨이 없는 것은
참된 회개가 없기 때문이고
삶에 진정한 자유가 없는 것은
참된 겸손에 이르지 못했기 때문입니다.
진정한 기쁨과 자유는
회개하고 겸손한 마음을 지닌 이에게
선물로 임합니다.

너희가 회개하여 각각 예수 그리스도의 이름으로 세례를 받고
죄 사함을 받으라 그리하면 성령의 선물을 받으리니 행 2:38

가난한 마음은
기쁨이 오는 자리

가난한 마음은 회개의 열매입니다.
그 마음은 예수님을 닮은 마음이고
예수님만으로 부족함이 없는
충만함에 이르렀을 때
채워지는 마음입니다.
가난한 마음을 가진 이들에게
천국의 기쁨과 소망이 임합니다.

°°°°°°°°°

심령이 가난한 자는 복이 있나니 천국이 그들의 것임이요 마 5:3

온전한 기쁨은
흔들리지 않습니다

남과 비교하며 기쁨의 이유를 찾는 사람은
남을 앞섰을 때
남보다 잘나갈 때 기뻐합니다.
그러나 이러한 기쁨은 상대적이며 불안정합니다.

온전한 기쁨은 상대적 기쁨에서 벗어나
주 안에서 누리는 기쁨입니다.
이 기쁨은 절대적입니다.
나를 사랑하시고 구원하시며
세상 끝 날까지 함께하시는 분 안에서의
기쁨이기 때문입니다.

주 안에서 항상 기뻐하라 내가 다시 말하노니 기뻐하라 빌 4:4

기쁨으로
구원의 날을 채워 갑니다

예수님은 공생애를 시작하시면서
제자들과 가나 혼인 잔치에 참석하셨습니다.
죄인을 구원하고자 이 땅에 오신 분이
제자들과 잔치에 참석하신 까닭은
구원은 삶을 외면하는 것이 아니라
삶을 긍정하고 사랑하는 것임을
보여 주시는 것입니다.
주님은 우리가 일상의 날들을 기쁨으로 채우고
마지막 날에는 영생에 이르기를 원하십니다.

하나님이 세상을 이처럼 사랑하사 독생자를 주셨으니 이는 그를
믿는 자마다 멸망하지 않고 영생을 얻게 하려 하심이라 요 3:16

하루의 목표는
주님

하루하루 믿음 안에서 사는 것,
이 단순한 목표는
주님께 이르는 가장 간명한 가르침입니다.
하루하루 믿음 안에서 사는 것은
창조의 첫 아침처럼 새롭게 맞이하고
종말의 마지막 밤처럼 마감하며
현재를 사는 것입니다.
언제 깨어났고 어디서 출발했든
하루의 목표는 주님입니다.
거기에 삶의 충만한 기쁨이 있습니다.

◦◦◦◦◦◦◦◦◦

믿음의 주요 또 온전하게 하시는 이인 예수를 바라보자
히 12:2

하루 한 발짝씩만
가면 됩니다

목표에 도달하지 못했다고
자괴감을 갖거나 기쁨을 빼앗기지 마십시오.
오늘 하루 얼마나 목표에 다가갔는지를 살피십시오.
하루 한 발짝씩만 가면 됩니다.
만일 주 안에서 목표를 향해 가고만 있다면
자신을 격려하고 용기를 북돋우십시오.
잘 살아가고 있는 것입니다.
그러니 기뻐하십시오.

∞∞∞∞∞∞
그들이 평온함으로 말미암아 기뻐하는 중에
여호와께서 그들이 바라는 항구로 인도하시는도다 시 107:30

단순하게,
기쁘게

인간의 위대함은
환난을 극복하는 영웅적 행동이나
수도자가 도달하는 초월적 체험에만 있지 않습니다.
그보다 더 위대한 것은
선행과 사랑의 실천이 일상의 일부가 되어
단순하고 기쁘게 살아가는 것입니다.

∘∘∘∘∘∘∘∘
성도들은 영광 중에 즐거워하며
그들의 침상에서 기쁨으로 노래할지어다 시 149:5

십자가 은혜
아래서

산마루예수공동체는 백두대간 해발 700m 평창군 큰항아리골에 자리 잡았습니다. 이곳은 산정 아래 27km 금당계곡에서 일어나는 물안개와 거문산 너머 동해에서 불어오는 바람이 만나 아침마다 신비로운 산안개로 산수화를 그려내는 곳입니다. 이곳은 옛날에 43세대의 화전민이 산마을을 이루고 논농사를 지었을 만큼 물도 풍부한 곳입니다. 광야치고는 특별히 아름다운 광야인 셈입니다. 바로 그곳에 터를 잡아 산상수훈을 따라 살아가려는 것입니다.

공동체 터를 계약하고 나서는 성전부터 생각했습니다. 오래전부터 팔복 채플을 꿈꾸어 왔기 때문입니다. 성전을 두고 중보기도팀과 기도하던 중 주님의 음성을 들었습니다. "눈을 들어 하늘을 보고 산을 보아라! 이곳이 성전이 아니냐?" 정말 눈을 떠 보니 터전은 '큰항아리골'이라는 이름답게 항아리 속에 하늘이 담긴 아늑하고 고요한 성전이었습니다. 주님이 지으신 하늘과 구름, 산과 나무를 대신할 만큼 아름다운 성전이 어디 있겠는가, 감탄이 절로 나왔습니다. '이 아름다운 공간 안에 십자가만 세우면 되겠구나. 백 년을 바라보고 십자가의 이야기가 지어지면, 천 년은 가리라. 주님 오시는 날까지' 하는 성령이 주신 기쁨과 확신이 생겼습니다. 그래서 무엇보다 이곳에 십자가부터 세워야겠다고 마음먹었습니다.

봄이 되자 산정 좌우 대칭이 되는 산 중앙에 십자가를 세웠습니다. 이는 산마루예수공동체가 주님의 십자가가 중심이 되는 공동체임을 뜻합니다.

십자가를 세우고 기도했습니다. "주님, 주님이 지신 십자가를 실감하게 하시니 감사합니다. 주님이 지신 십자가가 얼마나 큰 은혜인지 깨닫습니다. 이제 저를 십자가에 못 박고 다시 태어나는 은총을 허락하옵소서. 제 십자가를 지고 가게 하옵소서. 또한 이곳에 오는 벗들이 십자가 앞에서 회개하게 하시고, 다시 세상에 나가 주님의 나라와 의를 위하여 섬기게 하옵소서. 그리하여 각자의 삶의 자리에서 그리스도의 평화를 일구게 하옵소서."

사소한 기쁨을
잘 모셔 들이십시오

더 나은 내일만 생각하다 보면
현재의 기쁨을 맞아들이지 못하게 됩니다.
부족하면 부족한 대로
지금 이 순간의 기쁨을 누려야 합니다.
하나님이 주시는 기쁨은
특별한 날에 특별한 방식으로 오는 것이 아니라
그저 그런 현실 속에서
스스로도 의식할 수 없는 정도의
사소한 기쁨으로 옵니다.
그러기에 사소한 기쁨을 소중히 여기고
잘 모셔 들여야 합니다.

주께서 생명의 길을 내게 보이시리니 주의 앞에는 충만한 기쁨이
있고 주의 오른쪽에는 영원한 즐거움이 있나이다 시 16:11

기쁨은
영혼의 체온

체온이 유지되어야
살아 있음을 알 수 있는 것처럼
영혼도 체온이 유지되어야
살아 있다고 할 수 있습니다.
영적 체온이란 기쁨입니다.
기쁨은 존재의 근원적 조건입니다.
영적으로 거룩한 기쁨이 유지되어야 합니다.
거룩한 기쁨으로
생명의 맥박,
존재의 감격,
영혼의 체온이 유지되어야 합니다.

_{∘∘∘∘∘∘∘∘}

주여 내 영혼이 주를 우러러보오니 주여 내 영혼을 기쁘게 하소서
시 86:4

성령과 함께하는
일상에 행복이

행복은 과정이지 열매가 아닙니다.
오늘 하루를 하나님과 함께 열며
고요히 차를 마시고 사람을 만나고
노동을 하고 음식을 만들고
설거지를 하는 일상의 시간 속에
행복이 맥박 치게 하십시오.
행복은 성령과 함께하는
일상 가운데 있습니다.

내가 희락을 찬양하노니 이는 사람이 먹고 마시고
즐거워하는 것보다 더 나은 것이 해 아래에는 없음이라 전 8:15

아무리 어려워도
오늘은 축복

삶은 하나님이 주신 선물입니다.
하나님이 주신 것이니 소중하게 받으십시오.
그러면 현실이 아무리 어려워도
오늘을 축복이라 여기며 살아가게 됩니다.
오늘은 하나님이 주신 선물입니다.
하나님이 주신 선물을 알아보는 그 마음에
상황을 넘어서는 기쁨이 임합니다.

주께서 내 마음에 두신 기쁨은
그들의 곡식과 새 포도주가 풍성할 때보다 더하니이다 시 4:7

영성생활,
물 흐르듯 해야

영성생활은
물이 위에서 아래로 흐르듯
자연스럽게 흐르는 것입니다.
일상을 경이롭고 소중하게 살아가는 것입니다.
아침이 오면 해가 뜨고
밤이 오면 달이 뜨는 일이
창조주 하나님의 크신 은혜로 느껴집니다.
나를 찾아온 손님이나 이웃이
하나님이 보내신 천사처럼 느껴집니다.

영성생활은
일상에 주시는 은혜를 풍성하게 경험하며
기뻐하고 감사하는 것입니다.

주의 존귀하고 영광스러운 위엄과 주의 기이한 일들을
나는 작은 소리로 읊조리리이다 시 145:5

화평

주님이 평강을
주시리니

그리스도의 평강이 마음을 주장해야 합니다.
그리스도의 평강이란
그리스도가 죄와 죽음을 이김으로 이루신 평강이요
그리스도가 친히 주시는 부활의 권능입니다.
이생의 자랑과 육신의 정욕을 넘어선
유혹으로부터 자유로운 영혼의 평강이며
하나님을 경외하며 그분의 말씀에 절대 순종하는
자유에서 오는 평강입니다.
그리스도의 평강이 마음을 주장하도록
날마다 주님과 함께 길을 가십시오.

oooooooooo

그리스도의 평강이 너희 마음을 주장하게 하라
너희는 평강을 위하여 한 몸으로 부르심을 받았나니
너희는 또한 감사하는 자가 되라 골 3:15

주님이 보시는
나의 모습

곁에 있는 사람이 보는 나의 모습도
생각하며 살아야겠지만
이것은 부차적입니다.
궁극적으로 중요한 것은
주님이 나를 어떻게 보시느냐는 것입니다.
영성생활이란 내가 보는 나 자신과
주님이 보시는 나 자신과의 일치를
이루는 것입니다.

∞∞∞∞∞

그러므로 함께 하늘의 부르심을 받은 거룩한 형제들아 우리가 믿는
도리의 사도이시며 대제사장이신 예수를 깊이 생각하라 히 3:1

하나님의 뜻,
나의 뜻

세상에서 좋은

내 생각도 자유도 없는 사람입니다.

그러나 하나님의 좋은

내 생각의 자리에

내 생각보다 높으신 하나님의 생각이 깃든 사람입니다.

마침내 하나님의 뜻이 나의 뜻이 됩니다.

그리하여 작은 존재가 큰 존재로 바뀝니다.

이것은 하나님을 사랑하는

관계의 일치 속에서 일어납니다.

마침내 자유에 이릅니다.

너는 마음을 다하고 뜻을 다하고 힘을 다하여
네 하나님 여호와를 사랑하라 신 6:5

불안도
두려움도 없이

마음을 고요하게 하려고 명상을 한다 해서
화평함이 뿌리내리지 않습니다.
그저 근심과 걱정이 사라지는
일시적인 평안함에 그칩니다.
근심과 걱정보다 더 깊이 상한 감정은
불안과 두려움입니다.
이것은 온전한 속죄와
죽음에 대한 자유를 얻기 전에는
뿌리 뽑히지 않습니다.

흔들림 없는 화평함은
오직 화목 제물이 되신 그리스도와 함께
옛 사람이 십자가에서 죽고
하나님과 화목하게 되었을 때에 가능합니다.

내가 그리스도와 함께 십자가에 못 박혔나니
그런즉 이제는 내가 사는 것이 아니요
오직 내 안에 그리스도께서 사시는 것이라 갈 2:20

의식은 높게,
믿음은 단순하게

지고한 영성에 이르면
높은 의식과 단순한 삶에 이릅니다.
이는 수없이 많은 회의와 물음을 거친 후에
다듬어지는 의식이요 삶입니다.
높은 의식에 이를수록
믿음은 단순해집니다.
복잡한 것을 떨쳐버리고
믿을 것을 믿게 됩니다.
그리고 평화로움 속에서
믿는 것을 행하는 삶에 이르게 됩니다.

노아가 여호와께서 자기에게 명하신 대로 다 준행하였더라 창 7:5

농토를
꽃피는 정원이 되게

산마루에 십자가를 세운 후(2019년 5월), 노숙인 형제들과 농사의 첫 삽을 떴습니다. 주님의 은혜로 하늘의 일과 땅의 일이 호응하며 시작된 것입니다. 십자가 아래서 주님의 말씀을 따르고 기도하며 농사짓는 단순하고 경건한 삶을 이루려는 것입니다. 이것은 노숙을 벗으려는 이들과 꿈을 가진 청년들이 자립하고 자활하도록 돕는 것이기도 합니다.

이처럼 예수 공동체는 자연 속에서 기도와 노동을 통해 경건한 영성을 유지해 나갑니다. 주님도 '습관을 따라'(눅 22:39), '물러가사 한적한 곳'(눅 5:16)으로 가셨습니다. 이러한 영성을 이루는 터전이 되려면 대자연과 농지가 필요합니다. 아직 집과 농지는 마련하는 중이지만, 수백만 평 국유림이 산을 둘러치고 있어 감격스럽기만 합니다.

공동체의 산지와 농지는 많은 사람의 참여로 기적처럼 마련했습니다. 농지는 화전민이 쓰다가 농사를 하지 않고 묵혀 둔 땅이었습니다. 잡초가 아니라 잡목으로 산지처럼 되어 있었습니다.

이를 어떻게 농지로 만드나 고민 끝에 굴삭기와 덤프트럭으로 작업을 시작했습니다. 굴삭기로 땅을 파서 바윗돌과 크고 작은 돌을 캐내고 덤프트럭으로 옮겼습니다. 바윗돌은 정원석이나 축대를 쌓도록 보관했습니다. 그리고 밭에서 물이 나지 않도록 잔돌들은 땅을 깊이 파고 묻어서 땅속에 물길을 냈습니다.

산언덕 비탈진 밭에는 둔덕을 두었습니다. 둔덕에 꽃을 심으면 산 아래에서 위를 올려다볼 때 꽃이 산 전체를 뒤덮은 듯 아름답습니다. 산 위에서 보면 작물들이 자라는 것이 주로 보이도록 했습니다. 그래서 땅속에서 나온 큰 돌을 정원석으로 둔덕에 놓고, 꽃을 심거나 특수한 작물을 심도록 했습니다. 경관농업을 겸하면서 농업에 기독교적 문화 예술을 입히려고 합니다. 농사를 짓는 밭 한복판이 정원이면서 작은 공연장이 되게 하려는 것입니다. 농업에 기독교적 예술의 옷을 입혀 이 역시 자립자활이 이루어지는 수단이 되게 하려는 것입니다.

주님 뜻대로 살고자 하는 산마루예수공동체는 십자가 은혜 아래서 사랑을 이루어 가는 공동체이며, 동시에 자립자활 공동체를 이루어 갑니다. 그래야 신앙고백과 함께 자기 정체성을 유지할 수 있고, 그 동력으로 주님이 오실 때까지 이 사역을 지속할 수 있습니다.

천국은 이미
내 안에

천국은
내일 오는 것이 아니라 지금 와 있고
저기 있는 것이 아니라 여기 있습니다.
내 마음이 천국으로 변하면
내 안에서 천국이 발견됩니다.
천국은 하나님의 은총을 입은 마음이
지금, 여기에서 누리는 축복입니다.
주님이 말씀하십니다.
"천국은 너희 안에 있다."

여기 있다 저기 있다고도 못하리니
하나님의 나라는 너희 안에 있느니라 눅 17:21

화평한 하루를 위해
힘쓰십시오

오늘도 사람들은
무엇 때문에 바쁘고
무엇을 위해 하루를 살아가는 것일까요?
그리스도인의 하루는 어떻게 달라야 할까요?

그리스도인은 무엇보다
주님을 바라보며
하루를 살아야 합니다.
삶의 자리에서 사랑을 나누며
화평을 이루기 위해 땀 흘려야 합니다.
그 안에 하나님 나라가 있습니다.

화평하게 하는 자들은 화평으로 심어 의의 열매를 거두느니라
약 3:18

여유로운 리듬을
살리십시오

창조성이 중요한 시대입니다.
창조성은 쉼을 통해
여유로운 리듬을 회복할 때 높아집니다.
그러기에 시간의 올무에서 벗어나
여유를 찾아야 합니다.

이를 위해서는
욕망으로 짜깁기해 놓은 일정에서 벗어나
하나님 앞에 홀로 머무는 시간을 가져야 합니다.
그러면 성령이 주시는 평안과
창조 에너지를 얻게 될 것입니다.

나의 평안을 너희에게 주노라 내가 너희에게 주는 것은
세상이 주는 것과 같지 아니하니라 요 14:27

감사히,
기꺼이

하나님 안에서의 자유는
풍족한 삶만이 아니라
비천한 삶도 기꺼이 살아 내는 능력입니다.

하나님이 주시는 능력은
그 어떤 처지도
감사히, 기꺼이 살아 내도록 합니다.
이런 하나님이 함께하시는데
두려울 것이 무엇일까요!

나는 비천에 처할 줄도 알고 풍부에 처할 줄도 알아
모든 일 곧 배부름과 배고픔과 풍부와 궁핍에도 처할 줄 아는
일체의 비결을 배웠노라 빌 4:12

나의 불완전함을
고백합니다

우리는 완전의 강박과 허위에서 벗어나야 합니다.
삶의 실상을 대면하고
불완전한 것을 용납하고 사랑하는
용기를 지녀야 합니다.
율법은 완전을 요구하나
복음은 진실을 요구할 뿐입니다.
불완전한 인간의 진실,
죄인이어도 자기 진실을
하늘에 고백하는 이에게
구원이 임합니다.
그 마음에 하늘의 평강이 임합니다.

◦◦◦◦◦◦◦◦

시몬 베드로가 이를 보고 예수의 무릎 아래에 엎드려 이르되
주여 나를 떠나소서 나는 죄인이로소이다 하니 눅 5:8

하늘 문을
열어 두십시오

하늘 문이 닫힌 채로 살아가는 이들은
두려움에서 벗어나기 어렵습니다.
하늘 문이 열린 채로 살아가십시오.
그러한 이에게는
하나님의 영이 동행하시고 인도하십니다.
그때에 우리의 영혼은
여유로움과 자유로움 속에서 평안을 누립니다.
언제나 하늘 문을 열어 두십시오.

◦◦◦◦◦◦◦◦◦

진리를 알지니 진리가 너희를 자유롭게 하리라 요 8:32

하늘에
속한 자로

영성의 길을 가는 사람은
세상일에 책임을 다하지만
세상을 전부로 여기지 않도록
깨어 있어야 합니다.
세상에 뛰어들되
세상에서 벗어나야 합니다.
매일매일 그리해야 합니다.

하늘에 속한 자로서
하나님의 품에 자신을 맡기고
성령의 인도하심 따라
천국을 누리며 살아야 합니다.
화평함 속에서
자족과 기쁨을 충만히 얻게 될 것입니다.

∞∞∞∞∞∞

이 세상이나 세상에 있는 것들을 사랑하지 말라 …
오직 하나님의 뜻을 행하는 자는 영원히 거하느니라 요일 2:15, 17

그리스도인의
평안

주님을 믿으면
주님이 주시는 평안을 얻습니다.
그러나 그리스도인의 평안은
평안 자체가 목적은 아닙니다.

그리스도인의 평안은
하나님 나라를 위한 헌신과
고난 속에서도 평안함을 누리는
자유를 뜻합니다.

ᐟᐟᐟᐟᐟᐟᐟᐟ

이것을 너희에게 이르는 것은 너희로 내 안에서 평안을 누리게
하려 함이라 세상에서는 너희가 환난을 당하나 담대하라
내가 세상을 이기었노라 요 16:33

하나님이
다스리십니다

하나님 나라는
세 가지 영역으로 나뉩니다.
구원받은 자들이 누리게 될 천국과
그리스도의 몸 된 교회와
구원받고 변화된 사람들의 마음입니다.

그러나 하나님 나라는 공간적 의미보다
하나님의 통치적 의미가 더 중요합니다.
하나님의 통치는
이 땅에 사랑과 공의,
평화와 기쁨을 이루어 가시는
거룩한 구원의 작용입니다.
가장 먼저는 우리 마음을
하나님이 다스리시도록 내어 드려야 합니다.
하나님은 그 사람을 통해
하나님의 일을 이루어 가실 것입니다.

∞∞∞∞∞∞

시온아 여호와는 영원히 다스리시고
네 하나님은 대대로 통치하시리로다 할렐루야 시 146:10

오래 참음

주님이
기다려 주십니다

매 순간이 구원받고 은혜 받을 만한 때이지
그러한 때가 따로 있는 것이 아닙니다.
구원과 은혜는 이미 주어져 있으나
우리의 마음의 문이 열리지 않아
믿고 받아들이지 않은 것이 문제일 뿐입니다.
구원의 주님은
문밖에서 기다리고 있다 하지 않으셨습니까.
주님의 두드림에
귀 기울여야 합니다.

○○○○○○○○○

내가 문밖에 서서 두드리노니 누구든지 내 음성을 듣고 문을 열면
내가 그에게로 들어가 그와 더불어 먹고
그는 나와 더불어 먹으리라 계 3:20

회개의
가장 깊은 곳에는

우리가 주님께 등 돌리고 있는 순간에도
주님은 우리가 돌이키기를 기다리십니다.
회개의 가장 깊은 곳에는
우리의 죄악에도
우리를 끝까지 놓지 않고 기다리시는
하나님의 사랑이 흐르고 있습니다.
회개는 죄를 뉘우치는 것에 앞서
우리가 주님께 등 돌렸던 방향을 돌이키고
주님께 나아가는 것입니다.

때가 찼고 하나님의 나라가 가까이 왔으니
회개하고 복음을 믿으라 막 1:15

인내를 배우려면
인내해야 합니다

인내는 열매 맺기까지 가장 오래 걸리고
큰 대가를 치러야 하는 영적 성품입니다.
인내는 긴 시간을 통과하지 않으면
형성되지 않습니다.
그러나 인내를 갖추면
모든 것을 이루는 근본을 얻습니다.
인내를 갖춘 이는 어려움이 연단이 되고
이로 말미암아 소망을 이루어 가기 때문입니다.

환난은 인내를, 인내는 연단을, 연단은 소망을 이루는 줄 앎이로다
롬 5:3-4

주님을
기다리는 시간

주님을 기다리는 거룩한 시간은
포도가 발효되어 포도주가 되기를 기다리는
숙성의 시간과 같습니다.
주님 오시기를 바라는
거룩한 그리움과 기다림은
우리 마음의 누룩이 되어
우리의 품성과 존재를 성화시킵니다.
주님을 기다리는 시간은
우리를 거룩하게 만드는 시간입니다.

만일 우리가 보지 못하는 것을 바라면 참음으로 기다릴지니라
롬 8:25

오늘 주님이
오실 것처럼

한 수도자는 일생 이렇게 살았습니다.
아침이 되면 어김없이 창을 열고
"주님, 언제 오십니까? 오늘입니까?" 여쭈었습니다.
이러한 생활 중에
그는 자신도 모르는 사이 성화되어
주님과 일치되는 거룩함에 이르렀습니다.
주님이 오늘 오실 것처럼
하루를 살아야 합니다.

하나님의 사랑 안에서 자신을 지키며 영생에 이르도록
우리 주 예수 그리스도의 긍휼을 기다리라 유 1:21

사랑의 공동체를
향해

산마루예수공동체를 세운 이유가 무엇인지 질문을 받습니다. 두 가지 이유가 있습니다. 목회 여정에서 하나님이 광야로 인도하셨기 때문이고, 성경에서 말하기 때문입니다.

성경에서 말하는 인간의 삶은 처음부터 공동체에서 시작했습니다. 에덴은 하나님과 아담과 하와, 그리고 자연이 조화로운 관계를 맺은 공동체였습니다. 인간의 불순종은 하나님과 인간과 자연이 조화를 이룬 에덴 공동체의 파괴로 나타났습니다. 그 결과, 죄는 한 영혼의 질병으로서 하나님과 인간의 관계를 파괴하는 데 머물지 않았습니다. 하나님과 인간, 인간과 자연의 공동체성을 파괴했습니다(창 3:17-19).

또한 인간의 삶은 가정공동체에서 시작했습니다. 하나님은 아담이 홀로 있는 모습이 보기에 좋지 않으셔서 그에게 돕는 배필을 창조해 주셨습니다(창 2:18). 배필은 상하 관계가 아니라 도움을 주고받음으로 서로를 온전한 존재로 성장시킵니다. 배필은 행복을 만들어 낼 수 있는 공동체적 관계의 출발입니다.

그러나 죄가 들어오자 아담과 하와는 서로 책임을 전가하며 조화로운 공동체적 관계를 파괴했습니다(창 3:11-13). 이렇게 파괴된 하나님과 인간, 인간과 자연의 공동체성은 주님이 친히 사람의 몸을 입고 오심으로 회복되었습니다. "그는 우리의 화평이신지라 둘로 하나를 만드사 원수 된 것 곧 중간에 막힌 담을 자기 육체로 허시고"(엡 2:14). 하나님과의 관계가 회복되자 하나님과 인간이 조화롭게 살아가는 공동체성이 회복된 것입니다.

뿐만 아니라 예수님은 열두 제자와 함께 지내실 때에도 제자 공동체를 이루시고 공동체를 통해 사역하셨습니다. 그후 예수님이 승천하시고 성령이 임하셔서 주님의 몸 된 교회가 세워졌습니다. 마가의 다락방 역시 공동체입니다. 성령의 공동체이자 사랑의 공동체요, 구원의 공동체입니다. 유무상통하는 공동체입니다. 십자가의 사랑과 은혜로 이룩된 하나님 나라 공동체입니다.

산마루예수공동체는 이와 같은 공동체를 회복시키는 사역이며 운동입니다.

열매를
기다리며

농사를 지으면서 깨닫는 것이 있습니다.
자라나는 모든 생명은
스스로 자라기에 그대로 두어야 한다는 것입니다.
아울러 자라는 데 필요한
시간과 조건이 갖추어져야 하며
열매를 맺기까지 기다림이 필요합니다.
우리의 감정과 생각과 믿음도
하나의 영적 생명이기에
스스로 자라게 그대로 두어야 합니다.
아울러 자라는 데 필요한
시간과 조건이 갖추어져야 하며
열매를 맺기까지 기다림이 필요합니다.
인내하는 이가 더 큰 열매를 얻습니다.

농부가 땅에서 나는 귀한 열매를 바라고 길이 참아 이른 비와 늦은
비를 기다리나니 너희도 길이 참고 마음을 굳건하게 하라 약 5:7-8

묵묵히 내일을
기다리십시오

삶은 하루아침에 이루어지지 않습니다.
모든 열매는 매서운 폭풍우와
뜨거운 태양을 견뎌야만
튼실하게 익기 때문입니다.
하나님의 자녀는
이러한 하나님의 섭리를
순종하는 마음으로 받아들이고
믿음 가운데서 묵묵히 내일을 기다려야 합니다.

사람이 여호와의 구원을 바라고 잠잠히 기다림이 좋도다 애 3:26

견디고
견뎌야

땅속 깊이 뿌리 내린 나무일수록
비바람에도 흔들리지 않고 견고하게 삽니다.
우리 영혼도 뿌리를 깊이 내려야 합니다.
어디에 내려야 합니까?
하나님 품입니다.
말씀과 기도로 뿌리를 내려야 합니다.
하나님께 뿌리 내린 만큼
깊이 견고하게 살아갑니다.

형제들아 주의 이름으로 말한 선지자들을
고난과 오래 참음의 본으로 삼으라 약 5:10

참는 자에게
영화로운 기쁨이 임합니다

지속적으로 의미를 주며 기쁨을 주는
삶의 의미가 있습니까?
가장 중요한 삶의 의미는
나를 지으신 하나님이 내게 두신 뜻입니다.
하나님이 주신 의미 있는 목적을 생각하며
오늘 하루 절제하고
헌신하고 인내하십시오.
어느 순간 영화로운 기쁨이 꽃필 것입니다.

∞∞∞∞∞∞

너희에게 인내가 필요함은 너희가 하나님의 뜻을 행한 후에
약속하신 것을 받기 위함이라 히 10:36

있는
그대로

사랑 자체는 아름답지만
사랑하는 과정이란 푸른 초장만은 아닙니다.
사랑의 성장에는
고통과 인내가 필요하기 때문입니다.
그 과정을 통해 내적 세계를 넓혀 가며
더 깊은 관계를 맺게 됩니다.
이때 가장 필요한 것은
있는 그대로 받아들이는 여백과 인내입니다.
사랑은 선택이 아니라
선택한 것을 맞아들이고
조화를 이루는 과정이기 때문입니다.

∞∞∞∞∞∞

주께서 너희 마음을 인도하여 하나님의 사랑과
그리스도의 인내에 들어가게 하시기를 원하노라 살후 3:5

마지막 목표를 이루기까지 인내하십시오

더 가치 있는 삶을 위하여
인내하고
단호하게 분별해야 합니다.
눈앞의 편익을 위하여 타협하지 마십시오.
그리스도인의 목표는
거룩한 존재가 되는 것이고
마지막 목표는 천국에 이르는 것입니다.
그 목표를 바라보며 인내하고
단호히 행하십시오.
오늘 천국을 누릴 것입니다.

°°°°°°°°°°
두렵고 떨림으로 너희 구원을 이루라 빌 2:12

평화는
거저 주어지지 않습니다

주님이 이루신 평화는

빵으로 주어지는 것도 아니며

총칼로 주어지는 것도 아닙니다.

기대만으로 주어지는 것도 아니며

양보만으로 주어지는 것도 아닙니다.

진실한 사랑과 지혜,

그리고 기도와 인내가 필요합니다.

'그의 나라와 그의 의를 구하는' 기도를 바치십시오(마 6:33).

그리고 행하십시오.

행하였다면 오래 참고 기다리십시오.

그곳에 평화가 주어집니다.

◌◌◌◌◌◌◌◌◌
인내를 온전히 이루라 이는 너희로 온전하고 구비하여
조금도 부족함이 없게 하려 함이라 약 1:4

자비

자비로운 마음에
자비가 임합니다

자비로운 사람은
사람 앞에서 자신의 의로움을 드러내지 않고
타인의 허물은 덮습니다.
긍휼한 마음으로 이웃을 바라봅니다.

이러한 사람은 마지막 날에
주님의 크신 자비를 얻게 될 것입니다.
주님은 우리가 이웃을 바라보는 그 눈으로
우리를 바라보고 계시기 때문입니다.

주라 그리하면 너희에게 줄 것이니 곧 후히 되어 누르고 흔들어
넘치도록 하여 너희에게 안겨 주리라 너희가 헤아리는
그 헤아림으로 너희도 헤아림을 도로 받을 것이니라 눅 6:38

제자의 길에는
용서받은 죄인뿐

죄인이라는 것을 인식하고
회개하는 이에게
하나님의 크신 은혜가 임합니다.

제자의 길에는 영웅도 성인도 없습니다.
오직 하나님의 은혜로 죄를 깨닫고
회개를 통해 용서받은 죄인만이 있을 뿐입니다.

○○○○○○○○

내가 의인을 부르러 온 것이 아니요
죄인을 불러 회개시키러 왔노라 눅 5:32

함께 울고,
함께 웃기

새날이 밝았습니다.
매일 새날입니다.
이렇게 우리는 하루씩 살아갑니다.
어떻게 다시없을 하루를 충만하게 채우고
오늘을 값지게 보낼 수 있을까요?

기뻐하는 사람들과 함께 기뻐하고,
우는 사람들과 함께 우십시오.
주님이 그 가운데 함께 계십니다.

즐거워하는 자들과 함께 즐거워하고 우는 자들과 함께 울라
롬 12:15

용서는
영혼의 척도

용서는
영혼의 깊이를 가늠하는 척도입니다.
영적인 깊이와 유연성을 가졌는가,
성령을 받고 그 인도하심에 따르는가,
예수님의 진정한 제자인가,
그 척도는 사람을 용서했는가,
그렇지 않은가입니다.
용서는
하늘의 용서를 받은 이가 나누는
신실함입니다.

◇◇◇◇◇◇◇◇

누가 누구에게 불만이 있거든 서로 용납하여 피차 용서하되
주께서 너희를 용서하신 것같이 너희도 그리하고 골 3:13

화해하며
살아야 합니다

화해하며 사는 것은
인간관계를 유지하는 길입니다.
자비로움의 열매입니다.

자신과 화해하고
가족과 친구와 이웃과 화해하며 사는 것이
평화의 길이며
진리의 길입니다.

이를 위한 끝없는 노력이
구도의 길입니다.
이것은 주님을 따르는 여정이며
주님이 가신 자비로운 길입니다.

∞∞∞∞∞∞

너희 아버지의 자비로우심같이 너희도 자비로운 자가 되라 눅 6:36

가진 만큼
자비를

용서는 진정 큰 것을 지불하는 행위입니다.
그러기에 내가 가진 것만큼
용서할 수 있습니다.
마음에 천국이 있기 전까지
영생을 받았음을 확신하기 전까지
인간은 진정으로 용서하지 못합니다.

그러니 주님이 주신 것으로
나를 채워야 합니다.
구원을 받아 내 안에 천국과 영생이 깃들면
기꺼이 용서할 수 있고
자비를 베풀 수 있고
넉넉히 사랑할 수 있습니다.

주여 형제가 내게 죄를 범하면 몇 번이나 용서하여 주리이까
일곱 번까지 하오리이까 … 일곱 번뿐 아니라 일곱 번을
일흔 번까지라도 할지니라 마 18:21-22

내가 하나님 편이
되어야 합니다

오늘 우리 사회에 갈등과 분열이
치유되지 못하는 이유는 무엇일까요?
하나님이 오직 내 편이시거나
내가 곧 정의라고 생각하기 때문입니다.

하나님이 내 편이 아니라
하나님의 뜻을 따름으로
내가 하나님 편이 되어야 합니다.
이때에 성령의 임재하심으로
강박적인 자기 의를 벗어나
타인을 수용하고 받아들이는
자비의 공간이 생깁니다.

서로 겸손으로 허리를 동이라 하나님은 교만한 자를 대적하시되
겸손한 자들에게는 은혜를 주시느니라 벧전 5:5

습관을 따라
한적한 곳으로

종종 사람들은 제게 묻습니다. "왜 목사님은 도시에서도 할
일이 태산 같은데 산중으로 가십니까?" 그러면 저는 늘 같
은 대답을 합니다. "우리가 떠나는 것은 돌아오기 위함입니
다. 하나님 나라 사역을 준비하기 위하여 잠시 세상을 벗어
나는 것입니다. 그리고 다시 세상으로 돌아와 주님의 뜻을
이루기 위함입니다. 그리고 예수님의 생활 방식을 본받아
예수님처럼 살아가기 위함입니다."

예수님은 늘 한적한 곳에 머물기를 즐겨 하셨습니다. 그런
후에 다시 세상 속으로 돌아와 메시아의 사역을 감당하셨
습니다(막 6:32; 눅 4:42).

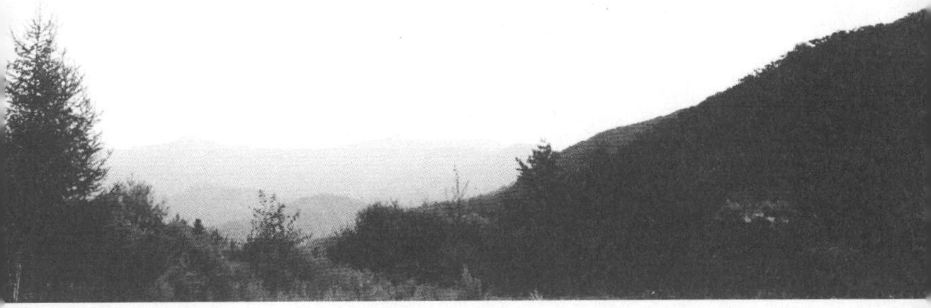

뿐만 아닙니다. 누가복음 22장 39절은 예수님이 "습관을 따라 감람산에 가시매 제자들도 따라갔더니"라고 전합니다. '습관을 따라' 산에 가서서 기도하셨다는 것입니다. 예수님도 습관이 있으셨습니다. 단 한 가지, 산에 가서 기도하시는 것에만 '습관'이라는 표현을 씁니다.

예수님을 닮아 가는 방법은 다음과 같습니다. 첫째, 예수님의 말씀을 깨닫고 따라야 합니다. 둘째, 십자가의 은혜와 진리로 구원을 받고 자기 십자가를 져야 합니다. 셋째, 예수님의 생활 방식을 익혀야 합니다. 특별히 예수님의 삶을 본받고 일치하려고 한다면 주님의 습관이 우리의 습관이 되어야 합니다.

주님은 늘 세상에서 물러나 한적한 곳인 산에 올라 아버지 하나님과 만나셨고, 다시 세상 속으로 들어와 가르치시고, 복음을 선포하시고, 치유하셨습니다(마 4:23). 그리고 역사의 한복판에서 십자가를 지시고 구원 사역을 완성해 나가셨습니다.

이 모습을 따라 우리도 도시의 중독증과 익숙한 삶의 자리에서 잠시 물러나 하나님이 지으신 자연 속으로 들어가는 시간을 가져야 합니다. 그리고 침묵과 기도 중에 주님을 만나야 합니다. 이렇게 주님을 만나 안식을 얻고 인도하심을 받을 때에 우리는 소명을 되새기고 성령의 은사를 받게 됩니다.

산마루예수공동체는 바로 이러한 것이 가능한 공간 안에서 영적인 은사를 구합니다.

죄책감에서 벗어나
죄 사함의 자유를

회개를 통해 주님이 원하시는 것은
우리가 죄책감을 갖는 것이 아니라
죄책감에서 벗어나
죄 사함의 자유에 이르는 것입니다.

회개하는 사람은
죄를 자각하는 데 머물러서는 안 됩니다.
주님이 베푸시는 용서에까지 이르러야 합니다.
주님이 우리에게 주시는 것은
완전한 속죄와 자유입니다.

주는 가장 자비하시고 긍휼히 여기시는 이시니라 약 5:11

용서받고
용서하십시오

용서받는 일은
용서하는 일과 묶여 있습니다.
우리가 이웃을 용서할 때
우리도 하나님께
죄 사함의 은총을 구할 수 있습니다.

마중물이 있어야
펌프가 물을 뿜어 올릴 수 있듯
이웃을 용서하는 것은
하나님께 용서받게 되는 길입니다.
마중물이 끊임없이 물을 퍼 올리게 하듯
작은 용서의 실천은
한없는 하늘의 용서를 받게 합니다.

◇◇◇◇◇◇◇◇

너희가 사람의 잘못을 용서하면
너희 하늘 아버지께서도 너희 잘못을 용서하시려니와 마 6:14

하나님 나라의 원리는
자비입니다

하나님 나라의 원리는 자비입니다.
곧 회개와 화해와 용서의 원리입니다.
인간은 누구나 죄인이기에 회개해야 하고
회개를 통해 하나님과 화해가 이루어져야 합니다.

나아가 하나님께 용서받고
이웃 간에도 상호 용서가 이루어져야 합니다.
회개와 화해와 용서의 원리가
삶의 근본 원리로 운행되어야
발 딛고 선 자리에서
하나님 나라를 경험할 수 있습니다.

서로 친절하게 하며 불쌍히 여기며 서로 용서하기를
하나님이 그리스도 안에서 너희를 용서하심과 같이 하라 엡 4:32

용서는 피할 수 없는
영성의 길

자신을 의지하지 않고
성령의 인도하심을 따르는 만큼
용서하게 됩니다.
예수님의 제자로 살려는 마음만큼
용서하게 됩니다.

땅에서 용서하는 이에게는
하늘에서도 용서의 은총을 내려 주십니다.
용서의 은총을 위해서라도
용서는 피할 수 없는 영성의 길입니다.

○○○○○○○○○

서서 기도할 때에 아무에게나 혐의가 있거든 용서하라
그리하여야 하늘에 계신 너희 아버지께서도
너희 허물을 사하여 주시리라 막 11:25

점점 더
너그러워지기

우리는 주님 앞에 설 때마다
죄인인 자신을 보기에
용서와 자비를 구하게 됩니다.
용서받는 만큼 새 길이 열립니다.

또한 용서하며 사는 것보다
용기 있는 일은 없습니다.
용서하는 이에게
하늘의 용서와 자비가 임합니다.
용서하는 만큼
삶의 넓은 지평으로 나서게 됩니다.

주는 선하사 사죄하기를 즐거워하시며 주께 부르짖는 자에게
인자함이 후하심이니이다 시 86:5

사랑과
자비로만

엄위로운 처벌로는 기강을 세울 수 있지만
인간을 변화시킬 수는 없습니다.
내적인 변화는 사랑과 자비의 마음으로 가능합니다.
이것이 바로
하나님이 그분의 아들을 십자가에 못 박아
희생 제물이 되게 하신 이유입니다.
십자가는
인간을 변화시키고 구원하고자 하신 깊은 뜻이요
구원의 섭리입니다.

우리를 구원하시되 우리가 행한 바 의로운 행위로 말미암지
아니하고 오직 그의 긍휼하심을 따라 중생의 씻음과
성령의 새롭게 하심으로 하셨나니 딛 3:5

자비로우신 하나님께
구합니다

자비로우신 하나님,

승리감에 사로잡힐 때 교만함에서 구해 주시고

약한 자를 도우며 만족할 때

진실하지 못한 사랑에서 구해 주소서.

희생된 이들을 외면할 때 비겁함에서 구해 주시고

잘못을 저지른 이들을 비난할 때

오만함에서 구해 주소서.

슬퍼하는 이들과 함께 슬퍼하지 못할 때

메마른 마음에서 구해 주시고

기뻐하는 이들과 함께 기뻐하지 못할 때

비좁은 마음에서 구해 주소서.

내 힘으로 주님의 일을 이루었다고 생각할 때

불신앙에서 구해 주시고

주님의 은혜를 잊고 자신을 내세울 때

어둠에서 구해 주소서.

∞∞∞∞∞∞

그러나 더욱 큰 은혜를 주시나니 그러므로 일렀으되
하나님이 교만한 자를 물리치시고
겸손한 자에게 은혜를 주신다 하였느니라 약 4:6

양선

섬김은
몸으로 행하는 기도

어려운 이웃을 돕는 것은
몸으로 행하는 기도입니다.
낮은 이웃을 섬기는 것은
거룩함에 이르는 수행입니다.
선을 행하며 겪는 인내는
온유함에 이르는 수덕입니다.

주님은 지극히 작은 자에게 한 것이
곧 내게 한 것이라 말씀하셨습니다.
이런 이들이 하늘에서 받을 상급이 큽니다.

작은 자 중 하나에게 냉수 한 그릇이라도 주는 자는
내가 진실로 너희에게 이르노니
그 사람이 결단코 상을 잃지 아니하리라 마 10:42

어려운 이웃은
그분께로 가는 관문입니다

하나님의 부르심을 받은 사람에게
광야는 가나안에 이르는 여정이요
주님의 길을 따르는 사람에게
십자가는 영생에 이르는 길입니다.
또한 주님을 사랑하는 사람에게
오늘 만나는 어려운 이웃은
그분께로 가는 관문입니다.

○○○○○○○○

가난한 자를 불쌍히 여기는 것은 여호와께 꾸어 드리는 것이니
그의 선행을 그에게 갚아 주시리라 잠 19:17

선을 행하려면
그리스도께 맡기십시오

선을 행하는 것은
내 힘으로 하는 것이 아닙니다.
십자가에서 구원하신 주님의 사랑이
한 영혼을 충만하게 채울 때만
가능합니다.
오늘 하루 선을 행하고 싶다면
그리스도께 자신을 맡기십시오.

우리는 그가 만드신 바라 그리스도 예수 안에서
선한 일을 위하여 지으심을 받은 자니 이 일은 하나님이 전에
예비하사 우리로 그 가운데서 행하게 하려 하심이니라 엡 2:10

사소할지라도
매일

진정한 선행은 선을 행하면서도
남에게 베푼 것을 잊는 것입니다.
또한 큰 선행을 가끔씩 행하는 것보다
사소할지라도 일상에서
매일 행하는 것이 소중합니다.
성령 안에서 작은 선행을 하나씩 실천해 보십시오.
주님이 주시는 선한 기쁨이
일상을 가득 채울 것입니다.

오직 선행으로 하기를 원하노라
이것이 하나님을 경외한다 하는 자들에게 마땅한 것이니라 딤전 2:10

너무
완벽하지 않아도

선을 행하되
너무 완벽하게 하려 말고
의를 행하되
너무 철저히 하려 마십시오.

다만 자신을 비우고
주님께 의지하십시오.
주님을 의지하여
포기하지 말고 추구하십시오.
이루는 분은 주님이시니
온전하게 이루실 것입니다.

우리 하나님이 너희를 그 부르심에 합당한 자로 여기시고
모든 선을 기뻐함과 믿음의 역사를 능력으로 이루게 하시고
살후 1:11

노동과 기도는
한 몸

2019년 4월부터 산지를 농지로 만들고, 산에 길을 내고, 나뭇가지를 정리하다 보니 여름이 끝나 가고 있었습니다. 어느 날 아침, 갑자기 손가락이 잘 움직이지 않았습니다. 발목, 무릎, 허리, 손가락 마디마디마다 아파서 움직이기 어려운 지경까지 갔습니다. 그때야 비로소 '내가 몸으로 하는 일은 여기까지구나' 하는 생각이 들어 잠시 멈추어 섰습니다.

이때 사무엘이 "기도하기를 쉬는 죄를 범하지 않겠다"고 한 말이 떠올랐습니다(삼상 12:23). 일하되 일보다 더 큰 것이 기도하는 것임을 마음에 되새겼습니다. 그리고 기도에 열중하기 시작했습니다. "거룩한 산제사를 드리는 행함으로 살자. 그러나 결국은 하나님이 기도를 통해 이루어 주심을 생각하며, 기도를 쉬지 말자!"

그 후 몸이 회복되고 나서는 일을 하면서도 기도를 올렸습니다. 산중에서 굴삭기로 길을 내고 연못을 파면서도 "주여, 이루어 주옵소서. 자비를 베풀어 주옵소서!", "주여! 사랑합니다!" 외치며 기도했습니다.

일하는 시간이 얼마나 기도하기 좋은 시간이며 자리인지요! 얼마나 기쁘고 감격스러운지요! 기도와 노동, 노동과 기도는 한 몸인 것입니다. 이는 천년 수도자의 전통입니다.

일을 마치고 나서 산정에서 '묵상의 길'을 걸어서 내려오는데, 갑자기 등 뒤에서 밝은 조명이 비치듯이 앞이 환해졌습니다. 뒤를 돌아보니 산등성이 위에 걸린 달에서 비친 달빛이었습니다. 산중은 달빛 아래 고요하고 은혜와 사랑으로 충만했습니다.

저는 내려오던 발길을 되돌려 '묵상의 길'로 들어섰습니다. 숲이 살아서 생명으로 충만하고, 달빛은 세상에 없는 천국 마당을 지어 내었습니다. 숲길을 걸으며 찬송을 하고 기도를 올렸습니다. 얼마나 감격스러운지, 깊은 밤이 되도록 산중에 머물러 기도하고 찬양했습니다.

이후로는 산중에 오를 때마다 그 감격을 잊을 수 없어 기도의 세계로 빠져들며, 창조주 하나님께 영광을 돌리게 되었습니다.

영혼을 가진 인간에게는 기도로 채워지는 시간이 필요합니다. 부르짖고, 때로는 깊은 침묵 기도 중에 주님의 사랑과 은혜 속으로 빠져들어 보십시오. 노동과 기도 속에 성령이 임하시고, 성령의 인도하심 중에 노동과 기도가 생명력을 충만하게 할 것입니다.

선행보다
앞서는 것

믿는 이들에게
선을 행하고 의를 이루는 일은
거룩한 의무입니다.
이 열매가 없으면
신앙의 기쁨도 없습니다.

그러나 이보다 앞서 행해야 하는 것은
기도입니다.
기도 없는 선과 의는
교만과 자기 자랑으로 변질됩니다.
하나님 보시기에 합당한 선을 행하고
의를 이루기 위해
날마다 기도해야 합니다.

모든 기도와 간구를 하되 항상 성령 안에서 기도하고
이를 위하여 깨어 구하기를 항상 힘쓰며
여러 성도를 위하여 구하라 엡 6:18

오른손이 한 일,
왼손이 모르게

구제는 인간의 고결한 행위입니다.
그러나 행위보다 앞서는 것은
마음의 진실입니다.
마음의 진실이란
하나님 앞에서의 진실입니다.
하나님 앞에서 진실하게 선을 행하면 행할수록
내적 기쁨과 감격이 충일하게 됩니다.

하나님과의 은밀한 교제 중에
오른손이 한 일을 왼손이 모르게 하는 것보다
더 신성한 기쁨과
더 깊은 신비에 이르는 길은 없습니다.

네 구제함을 은밀하게 하라
은밀한 중에 보시는 너의 아버지께서 갚으시리라 마 6:4

인색함은
영혼의 문제입니다

인색한 마음은
단지 가진 것이 없어서 생기는 것이 아닙니다.
인색함은 하나님과 세상에 대하여
닫힌 의식의 반영입니다.

하나님과 우주와 세상에 대하여
의식이 열리는 순간 인색함도 사라집니다.
그 자리에 사랑과 너그러움이 깃듭니다.
인색함은 물질의 문제가 아니라
영혼의 문제입니다.

한 사람이 두 주인을 섬기지 못할 것이니 혹 이를 미워하고
저를 사랑하거나 혹 이를 중히 여기고 저를 경히 여김이라
너희가 하나님과 재물을 겸하여 섬기지 못하느니라 마 6:24

가만히
귀 기울이면

주님의 뜻을 이루며 살기 위해서는
하루하루 주님이 원하시는 삶을 생각하고
가야 할 곳을 분명히 알아야 합니다.
살아 있는 모든 것을
함부로 여기지 않고 사랑하며
곁에 있는 사람들의 형편을 돌아보며
우리를 부르는 목소리에 귀를 기울이며
벗이 되어야 합니다.

각각 자기 일을 돌볼뿐더러 또한 각각 다른 사람들의 일을 돌보아
나의 기쁨을 충만하게 하라 빌 2:4

사랑하면
닮아 갑니다

하나님을 사랑하면
하나님을 닮게 되어
거룩한 존재가 됩니다.

하나님을 사랑하면
하나님과 소통하게 되어
기도 응답과 권능을 받게 됩니다.

하나님을 사랑하면
헌신하게 되어
한 알의 밀알처럼 썩어
선한 열매를 맺게 됩니다.

구제를 좋아하는 자는 풍족하여질 것이요
남을 윤택하게 하는 자는
자기도 윤택하여지리라 잠 11:25

기대하지 말고
그저 베푸십시오

남에게 대가를 기대하지 말고 베푸십시오.
그렇지 않고 베푸는 것이라면
선행은 근심의 씨앗을 뿌리는 것입니다.
그러니 참된 기쁨을 누리기 원한다면
대가를 기대하지 말고 그저 베푸십시오.
하나님이 주시는
자유와 기쁨이 찾아들 것입니다.

네 손이 선을 베풀 힘이 있거든
마땅히 받을 자에게 베풀기를 아끼지 말며 잠 3:27

사랑의 실천에는
한계가 없습니다

사랑을 실천하지만
나는 이것밖에는 할 수 없다고 금을 긋고
자기 한계에 갇힌 이들이 있습니다.
이것은 하나님이 정해 두신 한계가 아닙니다.

두려움으로 정해 놓은
한계의 지평선을 지우고
성령의 인도하심을 따르십시오.
성령으로 한계의 철책을 녹이십시오.
주님이 이루고자 하시는
선을 이루게 될 것입니다.

오직 성령의 열매는 사랑과 희락과 화평과 오래 참음과 자비와
양선과 충성과 온유와 절제니 이 같은 것을 금지할 법이 없느니라
갈 5:22-23

멈춤 없이
힘 있게

물은 깊어지면 깊어질수록
고요하고 힘차게 흐릅니다.
신앙도 깊이를 더하면 더할수록
넉넉히 섬기며 자신의 길을 갑니다.
성령의 인도하심을 따라
선을 행하며 힘 있게 살아갑니다.

실로 내가 내 영혼으로 고요하고 평온하게 하기를
젖 뗀 아이가 그의 어머니 품에 있음 같게 하였나니
내 영혼이 젖 뗀 아이와 같도다 시 131:2

그분만
따라가는 삶

예수님을 그리스도로 고백한다는 것은
그분을 위하여 살겠다는 뜻입니다.
하루하루 순간순간
그분의 가르침을 기억하고
그분이 가신 길을 따르고
그분과 함께 십자가에 못 박히고
그렇게 부활의 길로 가겠다는
신실한 고백입니다.

누구든지 나를 따라오려거든 자기를 부인하고
자기 십자가를 지고 나를 따를 것이니라 막 8:34

신실하게
발길을 옮깁니다

땅에 속한 사람들은
자신의 만족을 위해
목적을 정하고 살아갑니다.
하늘에 속한 사람들은
하나님의 뜻을 이루기 위해
기도하며 순종합니다.
그들은 고난도 손익의 계산도 넘어서서
신실하게 발길을 옮겨 갑니다.
주님께 이를 때까지.

◇◇◇◇◇◇◇◇

이 세상도, 그 정욕도 지나가되 오직 하나님의 뜻을 행하는 자는
영원히 거하느니라 요일 2:17

좁은
길로

그리스도인에게 가장 큰 복은
오직 우리의 중심을 보시며
우리를 영원한 생명으로 이끄시는
주님이 기뻐하시는 삶입니다.

주님이 기뻐하시는 삶을 위해
오늘도 주님이 가시는 좁은 길로
한 걸음, 한 걸음
발길을 옮기십시오.

○○○○○○○○○○

여호와를 의뢰하고 선을 행하라 땅에 머무는 동안
그의 성실을 먹을거리로 삼을지어다 시 37:3

주님께
나를 드립니다

하나님을 만난 사람은
하나님 외에는 그 누구도 쉽게 두려워하지 않습니다.
예수님을 만난 사람은
예수님 외에는 그 무엇도 더 사랑하지 않습니다.

우리에게 하나님보다 두려워하는 것이 남았다면
예수님보다 더 사랑하는 것이 남았다면
하나님을 더 깊이 만나고
예수님을 더 깊이 사랑하기 위해
자신을 주님께 드려야 합니다.

∞∞∞∞∞∞

이제 내가 사람들에게 좋게 하랴 하나님께 좋게 하랴
사람들에게 기쁨을 구하랴 내가 지금까지 사람들의 기쁨을
구하였다면 그리스도의 종이 아니니라 갈 1:10

하나님이 원하시는
일을 하십시오

내가 원하는 일이 아니라
하나님이 원하시는 일을 행하십시오.
그리하면 내가 할 수 있는 일이 아니라
하나님만이 하실 수 있는 일을 이루어 주십니다.

너희는 먼저 그의 나라와 그의 의를 구하라
그리하면 이 모든 것을 너희에게 더하시리라 마 6:33

낮은 곳으로 임하는
은혜

지난 봄에 산지를 농지로 만들고 나서 감자와 옥수수와 콩을 심었습니다. 오염된 퇴비를 피하기 위해서, 무엇보다 토지 자체가 좋아서 퇴비도 없이 작물을 심었습니다. 그랬더니 콩은 잘 컸으나 옥수수와 감자는 알이 굵지 못했습니다. 관수 시설을 갖추지 못해서 물을 충분히 주지 못했기 때문이기도 합니다. 하지만 맛은 너무나 좋았습니다. 감자는 1,000여 평 땅속에 그대로 두었다가 수확했습니다.

또한 주님이 주신 은혜와 사랑을 생각하며 서울역 쪽방에 사는 분들과 독거노인들을 평창으로 초청했습니다. 1박 2일 동안 가을 하늘 아래서 평창 해발 700m 맑은 숲속의 공기를 마시며 수확의 기쁨을 누리게 해 드리고 싶었습니다. 당일 아침 25인승 버스를 타고 평창에 내려왔습니다. 그리고 감자를 캐서 독거노인들에게 전달했습니다. 어려운 분들이 어려운 분들을 돕도록 하여 돕는 기쁨을 누리도록 했습니다. 때마침 75마력의 트랙터가 도착해 감자를 트랙터로 캐고, 이를 가져가 돕게 되었습니다.

산마루예수공동체의 가을걷이는 사랑과 은혜가 넘쳤습니다. 추수의 기쁨만이 아닙니다. 낮은 곳으로 임하시는 주님의 사랑과 섬기는 자에게 주시는 복이 그 얼마나 큰지를 느끼며, 주 예수 그리스도 안에서 누리는 사랑의 능력과 인도하심이 얼마나 위대한지를 느끼며 주님께 영광을 돌렸습니다.

예수 그리스도의 공동체란 이상을 추구하는 공동체 중 하나가 아니라, 예수 그리스도의 십자가 사랑에 힘입어 그분의 가르침을 성취하기 위하여 세워지는 공동체입니다. 이 공동체는 이미 그리스도 안에서는 온전히 이루어졌지만 그분을 따르는 지체로서의 형제자매들은 그리스도의 사랑 가운데 함께 예수 그리스도의 장성한 분량이 충만한 데까지 이르는 과정에 있습니다(엡 4:13).

소명을 받으면
종으로 살아갑니다

소명을 받으면
영웅이 아니라
종으로 살아갑니다.
주님의 뜻을 이루어 가는 손과 발,
진실과 정의와 평화의 도구로 삶을 삽니다.

내 뜻을 성취하는 것이 아니라
주님의 뜻을 성취하며 삽니다.
나의 이름을 드러내는 것이 아니라
주님의 영광을 드러냅니다.

종은 나 없는 나로 살아가며
나보다 더 넓고 큰 삶을 이루어 갑니다.
이것이 주님께 대한 충성이며
충성의 열매이기도 합니다.

너희는 그리스도의 것이요 그리스도는 하나님의 것이니라 고전 3:23

새사람을
입으십시오

우리 인생은 주님을 영접하는 순간
믿기 이전과 이후로 나뉩니다.
예수를 믿는다는 것은
새사람이 되었다는 것입니다.
온전히 달라진 것입니다.

그 결과 세상 사람과는
추구하는 삶의 목적이 달라집니다.
주님의 목적이 나의 목적이 되기 때문입니다.
이것이 주님께 온전히 충성하는 것입니다.
그리고 주님의 인격을 닮아 감으로
하나님의 형상을 되찾아 갑니다.
이것이 예수를 나의 구주,
나의 주인으로 삼고 사는 삶입니다.

너희는 이 세대를 본받지 말고 오직 마음을 새롭게 함으로
변화를 받아 하나님의 선하시고 기뻐하시고 온전하신 뜻이
무엇인지 분별하도록 하라 롬 12:2

신실함이
은혜의 문을 엽니다

믿음의 세계에서 충성이란 신실함입니다.

신실함이란 창조주가 친히 이루어 가심을

경이로 체험하며

자신을 맡기는 것입니다.

신실함은 은혜의 문을 열어 줍니다.

은혜란 저절로 이루어지는

한없는 세계입니다.

°°°°°°°°°

너희를 부르시는 이는 미쁘시니 그가 또한 이루시리라 살전 5:24

하루하루
주님께 이르기를

불의한 것 앞에서는 담대함으로
불쌍한 것 앞에서는 긍휼함으로
물질 앞에서는 가난한 마음으로
고난 앞에서는 헌신함으로
다툴 일 앞에서는 화평함으로
약한 자 앞에서는 온유함으로 살게 하옵소서.

그러나 그 어느 때든지
주님만 바라는 마음으로
하루하루 길을 건너
주님께 이르게 하소서.

하나님의 나라는 먹는 것과 마시는 것이 아니요
오직 성령 안에 있는 의와 평강과 희락이라 롬 14:17

천천히,
그러나 끝까지

뜻을 이루려면
뜻을 내세우지 말고 품으십시오.
그리고 최선을 다하십시오.
천천히 리듬 있게
그러나 끝까지 가십시오.
성령의 인도하심 따라!

내가 달려갈 길과 주 예수께 받은 사명 곧 하나님의 은혜의 복음을
증언하는 일을 마치려 함에는 나의 생명조차 조금도 귀한 것으로
여기지 아니하노라 행 20:24

때마다 하나님을
중심에 두십시오

삶이 어지럽거나 두려울 때에,
큰일을 앞두거나 선택해야 할 때에
하나님을 중심에 두십시오.
성령의 인도하심을 따르십시오.
나를 넘어서시는 하나님의 지혜와 힘을 얻습니다.

순교자가 기꺼이 바치는 순명은
자신의 결의 때문이 아니라
하나님이 그 중심에 계시기에 가능한 것입니다.
하나님이 중심에 계시면
성령이 그분의 길로 인도해 주십니다.

그가 또한 우리에게 인 치시고
보증으로 우리 마음에 성령을 주셨느니라 고후 1:22

두려운 것은
살아 계신 하나님뿐

한때는 세상이 두렵곤 했습니다.
그러나 때에 이르니
두려운 것은 살아 계신 하나님뿐입니다.
한때는 죽음이 문제가 아니라
사는 것이 문제라고 말하곤 했습니다.
그러나 오늘에 이르니
사는 것만이 아니라 죽음이 문제입니다.
어떤 죽음으로 하나님 앞에 서느냐가
결코 작은 일이 아니기 때문입니다.

또한 죽음은 내일 일이 아니라
삶과 함께 오늘의 일이기 때문입니다.
하나님 앞에 부끄럽지 않게 서기 위해
오늘 하루도 충실하게 살아가십시오.

ooooooooo

우리가 수고하고 힘쓰는 것은 우리 소망을 살아 계신 하나님께
둠이니 곧 모든 사람 특히 믿는 자들의 구주시라 딤전 4:10

우리는
나그네입니다

우리가 이 땅을 잠시 지나가는
나그네임을 아는 사람은
많은 것을 가지려 하지 않고
꼭 필요한 것을 가지려 합니다.

한낮에도 해 지는 때를 생각하며
기숙할 곳을 염두에 두고
종국에는 영원히 기숙할
천국을 생각하며 길을 갑니다.
주님의 진리를 앞에 두고
성령을 따라 묵묵히 자신의 길을 갑니다.
한 발짝, 한 발짝씩.

°°°°°°°°°

사랑하는 자들아 거류민과 나그네 같은 너희를 권하노니
영혼을 거슬러 싸우는 육체의 정욕을 제어하라 벧전 2:11

주님만
따라가십시오

사랑으로 일어선 자는 사랑으로 세워지고
진실로 이룬 업적은 오래 빛납니다.
사랑으로 일어서야 하고
진실을 무기로 싸워야 하며
평화를 목표로 헌신해야 합니다.
이것이 길이요 진리요 생명입니다.
그 모든 길은 주님을 따르는 과정입니다.
주님만 따라가십시오.

○○○○○○○○

네가 죽도록 충성하라 그리하면 내가 생명의 관을 네게 주리라
계 2:10

온유

하나님과 일치된 마음,
온유

온유는
하나님과 일치된 의식의 반영입니다.
하나님과 마음이 일치되면
하나님의 뜻과 성령의 인도하심에 따라
마음이 흘러갑니다.
자연스럽게 낮은 곳으로
더 낮은 곳으로 흘러가는 것.
이것이 온유함입니다.

새사람을 입었으니 이는 자기를 창조하신 이의 형상을 따라
지식에까지 새롭게 하심을 입은 자니라 골 3:10

예수님과
연결되기

온유는
천성에서 시작되는 것이 아닙니다.
인간의 천성에는
교만이 숨겨져 있습니다.
온유는 하나님과 사랑으로 하나 될 때에 나타납니다.
예수님이 하나님과 사랑의 일치로
온유와 겸손 가운데 계셨듯이
우리는 예수님과 연결될 때
온유에 이르게 됩니다.

너희는 하나님이 택하사 거룩하고 사랑받는 자처럼
긍휼과 자비와 겸손과 온유와 오래 참음을 옷 입고 골 3:12

부족한 것은
가난한 마음

가난한 마음에 이르기 전엔
모든 것이 부족합니다.

◇◇◇◇◇◇◇◇

근심하는 자 같으나 항상 기뻐하고
가난한 자 같으나 많은 사람을 부요하게 하고
아무것도 없는 자 같으나 모든 것을 가진 자로다 고후 6:10

더 큰
용기

불의와 타협하는 것은 비겁한 것이요
악의 열매를 맺습니다.
불의에 저항하는 것은 용기 있는 일이요
의의 열매를 맺습니다.

하지만 이보다 힘이 있고
더 큰 용기가 필요한 것은
자신을 비우고
온유와 겸손으로 진리에 순종하는 일입니다.
이러한 사람을 통해
불의와 악이 힘을 잃고
주님의 뜻이 이루어집니다.

나는 마음이 온유하고 겸손하니 나의 멍에를 메고 내게 배우라
그리하면 너희 마음이 쉼을 얻으리니 마 11:29

온유함으로
주님의 뜻을 듣습니다

온유함은
주님의 뜻에 순종하게 만들고,
주님의 뜻에 순종하는 이는
온유함을 유지하게 됩니다.

∞∞∞∞∞∞

온유한 자를 정의로 지도하심이여
온유한 자에게 그의 도를 가르치시리로다 시 25:9

그 아름다운
마음을 주소서

"도움은 어디서 올까?" 이렇게 이따금씩 기도하는 날이 있습니다. 작은 교회에서 밑 빠진 독에 물 붓기와 같은 사랑의 섬김은 늘 가진 것의 부족을 느끼게 하기 때문입니다.

그러면서 가끔 이런 생각을 합니다. '없는 사람이 무슨 일을 자꾸 만들며, 예산도 미리 준비되지 않았는데 일부터 벌이나? 또박또박 예산에 맞추어서 그만큼만 하면 마음 편할 것을! 그러나 왜 이렇게 하지를 못하는 것일까?' 자문하며 자답을 하곤 합니다.

'사랑은 언제나 멈추어 서지 못하게 만들지 않는가? 주님은 감당하실 일만 하셨는가? 결국 사랑과 구원의 과정은 늘 현실의 벽과 한계를 돌파하면서 이루어지지 않았는가? 그러나 나는 항상 주님의 뜻과 주님 가신 길을 따르고 있는가? 나의 일인가, 주님의 일인가? 나의 사랑인가, 주님의 사랑

인가? 이것만을 묻자! 주님의 일이면 주님이 반드시 이루신다! 그렇게 지난날을 인도하시지 않았는가!'

추수감사절 설교 준비를 위하여 묵상하고 기도하던 중 갑자기 떠오른 자그마한 사건이 있었습니다. 그것은 벌써 10여 년 전쯤 해운대에 있는 교회 부흥회를 갔던 일이었습니다. 부흥회를 마치는 날 저녁, 할머님 한 분이 감사하다며 봉투를 내미시는 것이었습니다. 저는 당황스럽고 어색하기만 했습니다. 저의 사양하는 모습을 보신 장로님과 담임목사님이 말씀하셨습니다. "목사님, 권사님이 주시는 이 봉투는 꼭 받으셔야 합니다. 권사님은 폐지를 주워서 생활하시는데, 생활에 필요한 것 말고는 모두 교회에 헌금하시고 목사님 대접하는 데 드리는 기쁨으로 사시는 분이에요!" 저는 그 말씀에 두 손으로 받았습니다.

그리고 집에 와서 보니 10,200원이 들어 있었습니다. 그 할머님은 교회와 목사님이 배려하셔서 교회에서 지내시는 분이셨습니다. 늘 교회에서 기도하시며 봉사하시고 교회와 인근 사무실에서 나오는 폐지를 모아 생활하셨습니다.

저는 그 할머님의 지극정성을 생각하니 그 돈을 쓸 수가 없어서 늘 마음에 묻어 두고 있습니다.

저는 종종 그 봉투를 꺼내 묵상합니다. '나는 그 할머님과 같은 지극정성으로 주님께 드려 본 적이 있는가? 그 할머님과 같은 마음으로 성도들에게 드린 것이 얼마나 있는가? 마음을 다하고 목숨을 다하고 뜻을 다하여 사랑하며 바친 일이 얼마나 있을까? 아, 할머님은 얼마나 주님과 가까이하며 얼마나 사랑 지극한 나날을 사실까? 주여, 부족한 저에게도 그 아름다운 마음을 주소서!'

주님만
드러나기를

온유한 사람은
자신을 주님의 종으로 여기며
이웃을 대합니다.
내가 사라지고
주님이 드러나게 합니다.
주님을 만나도록
가교 역할을 하는 것입니다.
오늘 우리의 모습 속에서
드러나는 것은 누구입니까?

ooooooooo
네 마음을 다하며 목숨을 다하며 힘을 다하며 뜻을 다하여
주 너의 하나님을 사랑하고 또한 네 이웃을 네 자신같이 사랑하라
눅 10:27

경외함과
겸손함으로

'경외하다'라는 말은
옷깃을 여미고
삼가 두려운 마음의 자세를 가지고
하나님 앞에 서는 것입니다.

'섬기다'라는 말은
겸손에 이른 인격이
하나님의 뜻에 순종할 때에 성취되는
영적 능력입니다.

네 하나님 여호와를 경외하여 그의 모든 도를 행하고
그를 사랑하며 마음을 다하고 뜻을 다하여
네 하나님 여호와를 섬기고 신 10:12

결과를 맡기는
비결

높은 자리를 탐하지 말고
필요치 않은 것을 가지려 말고
하루하루 성실하게 일하며
감사하십시오.
그리고 이루시는 분이 하나님이신 줄 알고
하나님께 결과를 맡기십시오.
그리고 가벼이 발길을 옮겨 가십시오.
성령이 순간순간 인도하실 것입니다.

사람의 길이 자신에게 있지 아니하니
걸음을 지도함이 걷는 자에게 있지 아니하니이다 렘 10:23

하나님을
알게 되는 길

인간은 어떻게 하나님을 알 수 있습니까?
오직 창조주 앞에서 피조물로서,
영원한 존재 앞에서 유한한 존재로서,
거룩한 존재 앞에서 죄인으로서
무릎을 꿇고 엎드러짐으로 알게 됩니다.

하나님은
지식이나 정보로 아는 것이 아니라
스스로 나타나 주시는
은혜와 사랑으로 체험될 뿐입니다.

여호와께서 네게 구하시는 것은 오직 정의를 행하며
인자를 사랑하며 겸손하게 네 하나님과 함께 행하는 것이 아니냐
미 6:8

마지막 회개는
자기 인식

마지막 회개는
회개할 수조차 없다는 사실에
무릎 꿇을 때입니다.

ꞏꞏꞏꞏꞏꞏꞏꞏꞏ

세리는 멀리 서서 감히 눈을 들어 하늘을 쳐다보지도 못하고
다만 가슴을 치며 이르되 하나님이여 불쌍히 여기소서
나는 죄인이로소이다 눅 18:13

내 죄를 아는 것이
은혜입니다

하나님께 가장 거룩한 일은
죄인을 구원하시는 일이요
인간에게 가장 거룩한 일은
자신의 죄를 드러내는 일입니다.

아, 그러나 그 죄를 발견하는 일과
더욱이 이를 고백하는 일은
얼마나 큰 은총인가요!
오늘도 겸손하게 은혜를 구하며
하루 삶을 마감합니다.

모든 더러운 것과 넘치는 악을 내버리고 너희 영혼을 능히 구원할 바
마음에 심어진 말씀을 온유함으로 받으라 약 1:21

안식과
가벼움과 부드러움

안식과 가벼움과 부드러움은
영성생활의 목표이자 기준입니다.
어떻게 하면 우리 영혼이 쉼을 얻고
가벼움과 부드러움에 이르게 됩니까?
주님께 나아가 회개해야 합니다.

회개하면 세상이 주지 못하는 안식을 얻습니다.
영혼은 한없이 가벼워집니다.
마음은 부드러워집니다.

맑은 물을 너희에게 뿌려서 너희로 정결하게 하되 … 새 영을 너희
속에 두고 새 마음을 너희에게 주되 너희 육신에서 굳은 마음을
제거하고 부드러운 마음을 줄 것이며 겔 36:25-26

자신의 부족함
인정하기

생활 방식은
사소한 습관 하나도 고치기 어렵습니다.
바꾼다 해도 이내 옛 생활로 돌아가곤 합니다.
그러나 작은 습관 하나만 고쳐도
인생은 크게 바뀝니다.

어떻게 하면 굳어진 습관을 고칠 수 있을까요?
자신의 의지를 강화하지 말고
부족한 자기 모습 그대로를 인정하십시오.
그리고 마음의 문을 열고
성령이 이끄시도록 맡기십시오.
온전히 맡기십시오.

오직 너희의 심령이 새롭게 되어 하나님을 따라
의와 진리의 거룩함으로 지으심을 받은 새사람을 입으라 엡 4:23-24

절제

십자가가
기준입니다

가질 것이 무엇인지
버릴 것이 무엇인지
다시 헤아려 봅니다.
십자가는
이를 분명히 분별하게 합니다.

_{°°°°°°°°}

십자가의 도가 멸망하는 자들에게는 미련한 것이요
구원을 받는 우리에게는 하나님의 능력이라 고전 1:18

절제는
경건에 이르는 과정

거룩한 삶을 살려는 이는
절제력을 갖추어야 합니다.
하나님과 세상의 갈림길에서
하나님을 향한 선택은
절제력으로 결정되기 때문입니다.

거룩을 향한 열망을 가지고
자신의 욕망과 행실을 절제하는 과정이
경건한 삶에 이르는 과정입니다.

하나님이 우리에게 주신 것은 두려워하는 마음이 아니요
오직 능력과 사랑과 절제하는 마음이니 딤후 1:7

잠시
침묵

침묵은
단순히 소리가 없는 절제가 아닙니다.
침묵이란
자기 의와 자기 주장이 사라지고
오직 하나님의 의와 하나님의 뜻이 드러나는
광야입니다.

◇◇◇◇◇◇◇◇

나의 영혼아 잠잠히 하나님만 바라라
무릇 나의 소망이 그로부터 나오는도다 시 62:5

담담히, 당당하게
자유의 길로

안식, 자유로움, 한가로움!
목적을 벗어난 길
그 깊은 존재의 심연으로
발길을 옮겨 보십시오.
성령을 따라가십시오.
깊은 존재의 심연으로 길이 열릴 것입니다.
그리고 조용히 주님 앞에 무릎을 꿇어 보십시오.
주님이 보일 것입니다.

너는 청년의 때에 너의 창조주를 기억하라 곧 곤고한 날이
이르기 전에, 나는 아무 낙이 없다고 할 해들이 가깝기 전에 …
그리하라 전 12:1-2

온전한 치유와
변화는

저는 '서울역전 밀짚모자 친구들'이라는 모임을 하고 있습니다. 한 달에 한 번 매월 마지막 주 월요일 오전 7시에 서울역전에 모여서 서울역 광장을 청소하는 모임입니다. 이 모임에 앞장서고 있는 분들은 산마루교회가 주관하는 노숙인들을 위한 예배에 매주 참석하는 노숙인들입니다. 이 사역에 참여하는 이들은 모두 밀짚모자를 쓰고서 청소하기에 '서울역전 밀짚모자 친구들'이라는 이름을 붙인 것입니다.

밀짚모자는 지난날 시골에서 서울역으로 상경하는 농부들과 유학 온 자녀들을 찾아온 부모님들이 쓰던 모자입니다. 그리고 서울역전 지게꾼들이나 도시의 노동자들이 쓰던 모자입니다. 그뿐 아니라 우리나라의 모든 땀 흘려 일하는 사람들이 쓰던 모자입니다. 이 모자를 쓰고 거리에 나서면 무

엇인가 일하고 싶어지고 기분이 좋아집니다. 그래서 '서울역전 밀짚모자 친구들'은 밀짚모자를 쓰고 서울역전을 청소하고는, 해장국집에 모여서 아침 식사를 나누고 헤어집니다.

'서울역전 밀짚모자 친구들'은 청소를 시작하기 전에 모여서 외칩니다. "서울역전은 우리가 치운다. 깨끗한 것이 거룩한 것이다! 아자, 아자, 아자!"

서울역전을 치운 노숙인 형제들이 말했습니다. "목사님, 언젠가 한번 청소를 해야겠다고 생각했는데 이렇게 기회가 되어 치우니까 정말 좋습니다!" "목사님, 깨끗하니까 정말 좋습니다!" 어떤 노숙인 형제는 청소를 마치고는 일하러 갈 시간이라며 아침 해장국도 거르고 일터로 나갔습니다.

사람들의 잘못을 지적하여 옳고 그름을 분명히 할 필요도 있습니다. 그러나 진단만으로 치유되고 고쳐지는 것은 아닙니다. 진단과 치유는 서로 다른 차원의 일입니다.

진정한 거듭남과 치유는 사랑과 신뢰를 받으며, 본인들이 선한 일을 행함으로 선한 마음이 고양되어야 이루어집니다. 사람과 세상이 진정으로 변화되기 위해서는 지적하고 외치는 일에 머물 것이 아니라, 사랑의 힘으로 선을 행할 수 있는 용기를 북돋워야 합니다. 서로 마음을 낮추고 상대를 귀히 여길 때 비로소 세상은 변화되고 평화가 깃들게 됩니다.

"우리가 선을 행하되 낙심하지 말지니 포기하지 아니하면 때가 이르매 거두리라"(갈 6:9).

빌려주신
것입니다

지혜와 믿음과 사랑,

땅과 햇살과 바람은

사람의 것이 아니라

하나님께로부터 받은 것입니다.

영원히 받은 것이 아니라 빌려주신 것입니다.

그러므로 내 것이라 자랑하지 말고

탐욕을 가지지 마십시오.

오직 겸손히 받아

감사하게 사용하십시오.

∞∞∞∞∞

탐욕이 지혜자를 우매하게 하고
뇌물이 사람의 명철을 망하게 하느니라 전 7:7

지어 가시는 대로
맡기십시오

인생은 하나님과의 약속 안에서
지어져 나가는 세계가 있으며
열려 가는 길이 있습니다.
이루시는 이가 하나님이신 줄을 알고
지어 가시는 대로 자신을 맡기는
깊은 삶으로 나아가십시오.
그 과정에서
결코 자기 유혹에 넘어가지 마십시오.

네 길을 여호와께 맡기라 그를 의지하면 그가 이루시고 시 37:5

그분의 성품을
닮기 위해

진정한 겸손은
비굴함 없이 낮은 마음에 이르는 것이고
진정한 온유는
허약함 없이 유연한 마음에 이르는 것이고
진정한 절제는
인색함 없이 검소한 생활에 이르는 것입니다.

이러한 마음에 이른 영혼은
겸손과 온유와 절제 속에서
풍요롭고 자유롭습니다.
또한 남을 비굴하지 않게 하며
허약하게 만들지 않으며
구차하지 않게 합니다.

지식에 절제를, 절제에 인내를, 인내에 경건을 벧후 1:6

참하나님을
모셔야 합니다

마음에 참하나님을 모시지 못하면
물질의 우상, 쾌락의 우상,
자기 우상이 자리합니다.
영의 만족이 아니라
쾌락에 이끌려 살아갑니다.
마음에 자리한 우상은
인격적 관계를 파괴하고
인간의 숭고한 창조력을 고갈시킵니다.

참하나님을 예배하고
참말씀을 따라 인생의 길을 가고
참성령의 열매를 맺기 위해서는 절제하며
사랑과 기쁨과 평화의 에너지로
인생을 지어 가야 합니다.

빛의 열매는 모든 착함과 의로움과 진실함에 있느니라 … 너희는
열매 없는 어둠의 일에 참여하지 말고 도리어 책망하라 엡 5:9, 11

열리고
닫히는 까닭

우리 삶의 한 단계, 한 단계가
열리지 않고 닫히는 까닭은 무엇입니까?
무심이 아니라 탐심으로
주님의 뜻이 아니라 아집으로
해야 할 일이 아니라
하지 말 일도 저질러 가며
삶의 이랑을 가로질러 왔기 때문입니다.

자신의 삶을 주님께 드러내십시오.
무심으로 성령께 맡기십시오.
무심으로 주님의 뜻을 따르십시오.

∞∞∞∞∞

항상 기뻐하라 쉬지 말고 기도하라 범사에 감사하라
이것이 그리스도 예수 안에서 너희를 향하신 하나님의 뜻이니라
살전 5:16-18

노동과
기도의 삶

욕심 없이 살아갈 수 있는 길은
그리스도 안에 머물며
주님이 주시는 평안을
지속적으로 누릴 때 가능합니다.
욕심은 부족하기 때문만이 아니라
진정한 평안이 없을 때 일어나는
혼란이기도 합니다.

또한 주님이 주시는 평안을
지속적으로 누릴 수 있는 길은
그리스도 안에서 하나 되어
공동체를 이루고 살 때 가능합니다.
그에 합당한 공동체의 생활 방식은
주님이 친히 지으신 자연과 더불어
사랑의 수고 가운데 노동과 기도의 삶을 사는 것입니다.

∞∞∞∞∞

너희의 믿음의 역사와 사랑의 수고와
우리 주 예수 그리스도에 대한 소망의 인내를
우리 하나님 아버지 앞에서 끊임없이 기억함이니 살전 1:3

광야의 자리는
은총입니다

모세와 엘리야, 세례 요한과
주님이 머무셨던 광야는
우리에게도 필요합니다.
일상의 익숙함과 편리함,
경쟁과 탐욕의 자리에서 벗어나
하나님 앞에서 자기 실상을 드러내고
이를 씻어 내는 자리가 광야입니다.

순수한 믿음,
다시금 새로운 삶으로 나아가는
광야의 은총이 필요합니다.

_{∞∞∞∞∞∞}

네 하나님 여호와께서 … 광야 길을 걷게 하신 것을 기억하라
이는 너를 낮추시며 너를 시험하사 네 마음이 어떠한지
그 명령을 지키는지 지키지 않는지 알려 하심이라 신 8:2

진짜 자기 삶의
주인 되기

자기 자신에 대하여
영적 주도력을 가져야 합니다.
회의를 믿음으로 물리칠 수 있는 주도력,
어둠과 슬픔을 빛과 기쁨으로 변화시킬 수 있는 주도력,
악을 선으로 이겨 나갈 수 있는 주도력,
우리의 욕망과 정욕을 말씀으로 이길 수 있는
영적 주도력을 가져야 합니다.

주님 안에서
삶의 중심을 지켜 나가는 주도력을 가지십시오.
자신을 비워 진짜 자기 삶의 주인이 됩니다.

보배롭고 지극히 큰 약속을 우리에게 주사
이 약속으로 말미암아 너희가 정욕 때문에 세상에서 썩어질 것을
피하여 신성한 성품에 참여하는 자가 되게 하려 하셨느니라 벧후 1:4

십자가는 우리를
자유케 합니다

십자가는 우리를
거짓과 악으로부터 자유케 하며
미움과 질투로부터 자유케 하며
탐욕과 집착으로부터 자유케 합니다.

십자가는 우리를
육으로부터 자유케 하며
죄로부터 자유케 하며
죽음으로부터 자유케 합니다.
날마다 십자가를 바라보십시오.

◇◇◇◇◇◇◇◇

그리스도 안에서 모든 사람이 삶을 얻으리라 고전 15:22

산마루를 내려오며

산마루에서 추구하는 영적인 삶은
높은 의식, 단순한 삶 가운데
성령을 따라 하루씩 완결하는 삶과
충만한 오늘을 사는 것입니다.

이 길을 함께 가고자 하는 길벗들은
이 인생의 길은 아무리 오래 산다 하여도
짧은 여정임을 자각해야 합니다.
죽음을 가까이 두십시오.
피고 지고, 살고 죽는 생명들이 눈에 들어옵니다.
그리하면 단순한 길로 향하게 됩니다.
하나님을 경외하십시오.
삼가 옷깃을 여미게 됩니다.

그리하면 단순한 길에서 높은 곳을 향하게 됩니다.

자연을 가까이 두십시오.

거저 주어진 자연에서 창조주의 축복이 보입니다.

그리하면 단순한 길에서 순화됩니다.

성령의 인도하심을 받으십시오.

가장 지고한 성령의 9가지 열매로

하나님께 드릴 자기만의 꽃을 피울 것입니다.

성령과 함께 끝까지 구하십시오.

성령을 따라 끝까지 가십시오.